中共中央
關於黨的百年奮鬥重大成就和
歷史經驗的決議

責任編輯　林　冕

封面設計　a_kun

書　　名　中共中央關於黨的百年奮鬥重大成就和歷史經驗的決議

出　　版　三聯書店（香港）有限公司

　　　　　香港北角英皇道 499 號北角工業大廈 20 樓

　　　　　Joint Publishing (H.K.) Co., Ltd.

　　　　　20/F., North Point Industrial Building,

　　　　　499 King's Road, North Point, Hong Kong

香港發行　香港聯合書刊物流有限公司

　　　　　香港新界荃灣德士古道 220-248 號 16 樓

印　　刷　美雅印刷製本有限公司

　　　　　香港九龍觀塘榮業街 6 號 4 樓 A 室

版　　次　2022 年 5 月香港第一版第一次印刷

規　　格　16 開（170 mm × 240 mm）96 面

國際書號　ISBN 978-962-04-4929-1

　　　　　Published & Printed in Hong Kong

目　錄

中共中央
關於黨的百年奮鬥重大成就和
歷史經驗的決議

（2021 年 11 月 11 日中國共產黨第十九屆
中央委員會第六次全體會議通過）

序言

　　中國共產黨自一九二一年成立以來，始終把為中國人民謀幸福、為中華民族謀復興作為自己的初心使命，始終堅持共產主義理想和社會主義信念，團結帶領全國各族人民為爭取民族獨立、人民解放和實現國家富強、人民幸福而不懈奮鬥，已經走過一百年光輝歷程。

　　一百年來，黨領導人民浴血奮戰、百折不撓，創造了新民主主義革命的偉大成就；自力更生、發憤圖強，創造了社會主義革命和建設的偉大成就；解放思想、銳意進取，創造了改革開放和社會主義現代化建設的偉大成就；自信自強、守正創新，創造了新時代中國特色社會主義的偉大成就。黨和人民百年奮鬥，書寫了中華民族幾千年歷史上最恢宏的史詩。

總結黨的百年奮鬥重大成就和歷史經驗，是在建黨百年歷史條件下開啟全面建設社會主義現代化國家新征程、在新時代堅持和發展中國特色社會主義的需要；是增強政治意識、大局意識、核心意識、看齊意識，堅定道路自信、理論自信、制度自信、文化自信，做到堅決維護習近平同志黨中央的核心、全黨的核心地位，堅決維護黨中央權威和集中統一領導，確保全黨步調一致向前進的需要；是推進黨的自我革命、提高全黨鬥爭本領和應對風險挑戰能力、永葆黨的生機活力、團結帶領全國各族人民為實現中華民族偉大復興的中國夢而繼續奮鬥的需要。全黨要堅持唯物史觀和正確黨史觀，從黨的百年奮鬥中看清楚過去我們為什麼能夠成功、弄明白未來我們怎樣才能繼續成功，從而更加堅定、更加自覺地踐行初心使命，在新時代更好堅持和發展中國特色社會主義。

一九四五年黨的六屆七中全會通過的《關於若干歷史問題的決議》、一九八一年黨的十一屆六中全會通過的《關於建國以來黨的若干歷史問題的決議》，實事求是總結黨的重大歷史事件和重要經驗教訓，在重大歷史關頭統一了全黨思想和行動，對推進黨和人民事業發揮了重要引領作用，其基本論述和結論至今仍然適用。

一、奪取新民主主義革命偉大勝利

新民主主義革命時期，黨面臨的主要任務是，反對帝國主義、封建主義、官僚資本主義，爭取民族獨立、人民解放，為實現中華民族偉大復興創造根本社會條件。

中華民族是世界上古老而偉大的民族，創造了綿延五千多年的燦爛文明，為人類文明進步作出了不可磨滅的貢獻。一八四〇年鴉片戰爭以後，由於西方列強入侵和封建統治腐敗，中國逐步成為半殖民地半封建社會，國家蒙辱、人民蒙難、文明蒙塵，中華民族遭受了前所未有的劫難。為了拯救民族危亡，中國人民奮起反抗，仁人志士奔走吶喊，進行了可歌可泣的鬥爭。太平天國運動、洋務運動、戊戌變法、義和團運動接連而起，各種救國方案輪番出台，但都以失敗告終。孫中山先生領導的辛亥革命推翻了統治中國幾千年的君主專制制度，但未能改變中國半殖民地半封建的社會性質和中國人民的悲慘命運。中國迫切需要新的思想引領救亡運動，迫切需要新的組織凝聚革命力量。

十月革命一聲炮響，給中國送來了馬克思列寧主義。

五四運動促進了馬克思主義在中國的傳播。在中國人民和中華民族的偉大覺醒中，在馬克思列寧主義同中國工人運動的緊密結合中，一九二一年七月中國共產黨應運而生。中國產生了共產黨，這是開天闢地的大事變，中國革命的面貌從此煥然一新。

黨深刻認識到，近代中國社會主要矛盾是帝國主義和中華民族的矛盾、封建主義和人民大眾的矛盾。實現中華民族偉大復興，必須進行反帝反封建鬥爭。

建黨之初和大革命時期，黨制定民主革命綱領，發動工人運動、青年運動、農民運動、婦女運動，推進並幫助國民黨改組和國民革命軍建立，領導全國反帝反封建偉大鬥爭，掀起大革命高潮。一九二七年國民黨內反動集團叛變革命，殘酷屠殺共產黨人和革命人民，由於黨內以陳獨秀為代表的右傾思想發展為右傾機會主義錯誤並在黨的領導機關中佔了統治地位，黨和人民不能組織有效抵抗，致使大革命在強大的敵人突然襲擊下遭到慘重失敗。

土地革命戰爭時期，黨從殘酷的現實中認識到，沒有革命的武裝就無法戰勝武裝的反革命，就無法奪取中國革命勝利，就無法改變中國人民和中華民族的命運，必須以武裝的革命反對武裝的反革命。南昌起義打響武裝反抗國民黨反動派的第一槍，標誌著中國共產黨獨立領導革命戰爭、創建人民軍隊和武裝奪取政權的開端。八七會議確定實行土地革命和武裝起義的方針。黨領導舉行秋收起義、廣州起義和其他許多地區起義，但由於敵我力量懸殊，這些起義大多數失敗了。事實證明，在當時的客觀條件下，中國共產黨人不可能像俄國十月革命那樣通過首先佔領中心城市來取得革命在全國的勝利，黨迫切需要找到適合中國國情的革命道路。

從進攻大城市轉為向農村進軍，是中國革命具有決定意義的新起點。毛澤東同志領導軍民在井岡山建立第一個農村革命根據地，黨領導人民打土豪、分田地。古田會議確立思想建黨、政治建軍原則。隨著鬥爭發展，黨創建了中央革命根據地和湘鄂西、海陸豐、鄂豫皖、瓊崖、閩浙贛、湘鄂贛、湘贛、左右江、川陝、陝甘、湘鄂川黔等根據地。黨在國民黨統治下的白區也發展了黨和其他革命組織，開展了群眾革命鬥爭。然而，由於王明"左"傾教條主義在黨內的錯誤領導，中央革命根據地第五次反"圍剿"失敗，紅軍不得不進行戰略轉移，經過艱苦卓絕的長征轉戰到陝北。"左"傾路綫的錯誤給革命根據地和白區革命力量造成極大損失。

一九三五年一月，中央政治局在長征途中舉行遵義會議，事實上確立了毛澤東同志在黨中央和紅軍的領導地位，開始確立以毛澤東同志為主要代表的馬克思主義正確路綫在黨中央的領導地位，開始形成以毛澤東同志為核心的黨的第一代中央領導集體，開啟了黨獨立自主解決中國革命實際問題新階段，在最危急關頭挽救了黨、挽救了紅軍、挽救了中國革命，並且在這以後使黨能夠戰勝張國燾的分裂主義，勝利完成長征，打開中國革命新局面。這在黨的歷史上是一個生死攸關的轉折點。

抗日戰爭時期，九一八事變後，中日民族矛盾逐漸超越國內階級矛盾上升為主要矛盾。在日本帝國主義加緊侵略我國、民族危機空前嚴重的關頭，黨率先高舉武裝抗日旗幟，廣泛開展抗日救亡運動，促成西安事變和平解決，對推動國共再次合作、團結抗日起了重大歷史作用。七七事變後，黨實行正確的抗日民族統一戰綫政策，堅持全面抗戰路綫，提出和實施持久戰的戰略總方針和一整套人民戰爭的戰略戰術，開闢廣大敵後戰場和抗日根據地，領導八路軍、新四軍、東北抗日聯軍和其他人民抗日武裝英勇作戰，成為全民族抗戰的中流砥柱，直到取得中國人民抗日戰爭最後勝利。這是近代以來中國人民反抗外敵入侵第一次取得完全勝利的民族解放鬥爭，也是世界反法西斯戰爭勝利的重要組成部分。

解放戰爭時期，面對國民黨反動派悍然發動的全面內戰，黨領導廣大軍民逐步由積極防禦轉向戰略進攻，打贏遼瀋、淮海、平津三大戰役和渡江戰役，向中南、西北、西南勝利進軍，消滅國民黨反動派八百萬軍隊，推翻國民黨反動政府，推翻帝國主義、封建主義、官僚資本主義三座大山。黨領導的人民軍隊在人民支持下，以一往無前的英雄氣概同窮凶極惡的敵人進行殊死鬥爭，為奪取新民主主義革命勝利建立了歷史功勳。

在革命鬥爭中，以毛澤東同志為主要代表的中國共產黨人，把馬克思列寧主義基本原理同中國具體實際相結合，對經過艱苦探索、付出巨大犧牲積累的一系列獨創性經驗作了理論概括，開闢了農村包圍城市、武裝奪取政權的正確革命道路，創立了毛澤東思想，為奪取新民主主義革命勝利指明了正確方向。

在革命鬥爭中，黨弘揚堅持真理、堅守理想，踐行初心、擔當使命，不怕犧牲、英勇鬥爭，對黨忠誠、不負人民的偉大建黨精神，實施和推進黨的建設偉大工程，提出著重從思想上建黨的原則，堅持民主集中制，堅持理論聯繫實際、密切聯繫群眾、批評和自我批評三大優良作風，形成統一戰綫、武裝鬥爭、黨的建設三大法寶，努力建設全國範圍的、廣大群眾性的、思想上政治上組織上完全鞏固的馬克思主義政黨。黨從一九四二年開始在全黨進行整風，這場馬克思主義思想教育運動收到巨大成效。黨制定《關於若干歷史問題的決議》，使全黨對中國革命基本問題的認識達到一致。黨的七大為建立新民主主義的新中國制定了正確路綫方針政策，使全黨在思想上政治上組織上達到空前統一和團結。

經過二十八年浴血奮鬥，黨領導人民，在各民主黨派和無黨派民主人士積極合作下，於一九四九年十月一日宣告成立中華人民共和國，實現民族獨立、人民解放，徹底結束了舊中國半殖民地半封建社會的歷史，徹底結束了極少數剝削者統治廣大勞動人民的歷史，徹底結束了舊中國一盤散沙的局面，徹底廢除了列強強加給中國的不平等條約和帝國主義在中國的一切特權，實現了中國從幾千年封建專制政治向人民民主的偉大飛躍，也極大改變了世界政治格局，鼓舞了全世界被壓迫民族和被壓迫人民爭取解放的鬥爭。

實踐充分說明，歷史和人民選擇了中國共產黨，沒有中國共產黨領導，民族獨立、人民解放是不可能實現的。中國共產黨和中國人民以英勇頑強的奮鬥向世界莊嚴宣告，中國人民從此站起來了，中華民族任人宰割、飽受欺凌的時代一去不復返了，中國發展從此開啟了新紀元。

二、完成社會主義革命和推進社會主義建設

社會主義革命和建設時期，黨面臨的主要任務是，實現從新民主主義到社會主義的轉變，進行社會主義革命，推進社會主義建設，為實現中華民族偉大復興奠定根本政治前提和制度基礎。

新中國成立後，黨領導人民戰勝政治、經濟、軍事等方面一系列嚴峻挑戰，肅清國民黨反動派殘餘武裝力量和土匪，和平解放西藏，實現祖國大陸完全統一；穩定物價，統一財經工作，完成土地改革，進行社會各方面民主改革，實行男女權利平等，鎮壓反革命，開展"三反"、"五反"運動，蕩滌舊社會留下的污泥濁水，社會面貌煥然一新。中國人民志願軍雄赳赳、氣昂昂跨過鴨綠江，同朝鮮人民和軍隊並肩戰鬥，戰勝武裝到牙齒的強敵，打出了國威軍威，打出了中國人民的精氣神，贏得抗美援朝戰爭偉大勝利，捍衛了新中國安全，彰顯了新中國大國地位。新中國在錯綜複雜的國內國際環境中站穩了腳跟。

黨領導建立和鞏固工人階級領導的、以工農聯盟為基礎的人民民主專政的國家政權，為國家迅速發展創造了條件。一九四九年，中國人民政治協商會議第一屆全體會議制定《中國人民政治協商會議共同綱領》。一九五三

年，黨正式提出過渡時期的總路綫，即在一個相當長的時期內，逐步實現國家的社會主義工業化，並逐步實現國家對農業、手工業和資本主義工商業的社會主義改造。一九五四年，召開第一屆全國人民代表大會第一次會議，通過了《中華人民共和國憲法》。一九五六年，我國基本上完成對生產資料私有制的社會主義改造，基本上實現生產資料公有制和按勞分配，建立起社會主義經濟制度。黨領導確立人民代表大會制度、中國共產黨領導的多黨合作和政治協商制度、民族區域自治制度，為人民當家作主提供了制度保證。黨領導實現和鞏固了全國各族人民的大團結，形成和發展各民族平等互助的社會主義民族關係，實現和鞏固全國工人、農民、知識分子和其他各階層人民的大團結，加強和擴大了廣泛統一戰綫。社會主義制度的建立，為我國一切進步和發展奠定了重要基礎。

黨的八大根據我國社會主義改造基本完成後的形勢，提出國內主要矛盾已經不再是工人階級和資產階級的矛盾，而是人民對於經濟文化迅速發展的需要同當前經濟文化不能滿足人民需要的狀況之間的矛盾，全國人民的主要任務是集中力量發展社會生產力，實現國家工業化，逐步滿足人民日益增長的物質和文化需要。黨提出努力把我國逐步建設成為一個具有現代農業、現代工業、現代國防和現代科學技術的社會主義強國，領導人民開展全面的大規模的社會主義建設。經過實施幾個五年計劃，我國建立起獨立的比較完整的工業體系和國民經濟體系，農業生產條件顯著改變，教育、科學、文化、衛生、體育事業有很大發展。"兩彈一星"等國防尖端科技不斷取得突破，國防工業從無到有逐步發展起來。人民解放軍得到壯大和提高，由單一的陸軍發展成為包括海軍、空軍和其他技術兵種在內的合成軍隊，為鞏固新生人民政權、確立中國大國地位、維護中華民族尊嚴提供了堅強後盾。

黨堅持獨立自主的和平外交政策，倡導和堅持和平共處五項原則，堅定維護國家獨立、主權、尊嚴，支持和援助世界被壓迫民族解放事業、新獨立國家建設事業和各國人民正義鬥爭，反對帝國主義、霸權主義、殖民主義、種族主義，徹底結束了舊中國的屈辱外交。黨審時度勢調整外交戰略，推動恢復我國在聯合國的一切合法權利，打開對外工作新局面，推動形成國際社會堅持一個中國原則的格局。黨提出劃分三個世界的戰略，作出中國永遠不稱霸的莊嚴承諾，贏得國際社會特別是廣大發展中國家尊重和讚譽。

黨充分預見到在全國執政面臨的新挑戰，早在解放戰爭取得全國勝利前夕召開的黨的七屆二中全會就向全黨提出，務必繼續保持謙虛、謹慎、不驕、不躁的作風，務必繼續保持艱苦奮鬥的作風。新中國成立後，黨著重提出執政條件下黨的建設的重大課題，從思想上組織上作風上加強黨的建設、鞏固黨的領導。黨加強幹部理論學習和知識培訓，提高黨的領導水平，要求全黨特別是黨的高級幹部增強維護黨的團結統一的自覺性。黨開展整風整黨，加強黨內教育，整頓基層黨組織，提高黨員條件，反對官僚主義、命令主義和貪污浪費。黨高度警惕並著力防範黨員幹部腐化變質，堅決懲治腐敗。這些重要舉措，增強了黨的純潔性和全黨的團結，密切了黨同人民群眾的聯繫，積累了執政黨建設的初步經驗。

在這個時期，毛澤東同志提出把馬克思列寧主義基本原理同中國具體實際進行“第二次結合”，以毛澤東同志為主要代表的中國共產黨人，結合新的實際豐富和發展毛澤東思想，提出關於社會主義建設的一系列重要思想，包括社會主義社會是一個很長的歷史階段，嚴格區分和正確處理敵我矛盾和人民內部矛盾，正確處理我國社會主義建設的十大關係，走出一條適合我國國情的工業化道路，尊重價值規律，在黨與民主黨派的關係上實行“長期共存、互相監督”的方針，在科學文化工作中實行“百花齊放、百家爭鳴”的方針等。這些獨創性理論成果至今仍有重要指導意義。

　　毛澤東思想是馬克思列寧主義在中國的創造性運用和發展,是被實踐證明了的關於中國革命和建設的正確的理論原則和經驗總結,是馬克思主義中國化的第一次歷史性飛躍。毛澤東思想的活的靈魂是貫穿於各個組成部分的立場、觀點、方法,體現為實事求是、群眾路綫、獨立自主三個基本方面,為黨和人民事業發展提供了科學指引。

　　遺憾的是,黨的八大形成的正確路綫未能完全堅持下去,先後出現"大躍進"運動、人民公社化運動等錯誤,反右派鬥爭也被嚴重擴大化。面對當時嚴峻複雜的外部環境,黨極為關注社會主義政權鞏固,為此進行了多方面努力。然而,毛澤東同志在關於社會主義社會階級鬥爭的理論和實踐上的錯誤發展得越來越嚴重,黨中央未能及時糾正這些錯誤。毛澤東同志對當時我國階級形勢以及黨和國家政治狀況作出完全錯誤的估計,發動和領導了"文化大革命",林彪、江青兩個反革命集團利用毛澤東同志的錯誤,進行了大量禍國殃民的罪惡活動,釀成十年內亂,使黨、國家、人民遭到新中國成立以來最嚴重的挫折和損失,教訓極其慘痛。一九七六年十月,中央政治局執行黨和人民的意志,毅然粉碎了"四人幫",結束了"文化大革命"這場災難。

從新中國成立到改革開放前夕，黨領導人民完成社會主義革命，消滅一切剝削制度，實現了中華民族有史以來最為廣泛而深刻的社會變革，實現了一窮二白、人口眾多的東方大國大步邁進社會主義社會的偉大飛躍。在探索過程中，雖然經歷了嚴重曲折，但黨在社會主義革命和建設中取得的獨創性理論成果和巨大成就，為在新的歷史時期開創中國特色社會主義提供了寶貴經驗、理論準備、物質基礎。

中國共產黨和中國人民以英勇頑強的奮鬥向世界莊嚴宣告，中國人民不但善於破壞一個舊世界、也善於建設一個新世界，只有社會主義才能救中國，只有社會主義才能發展中國。

三、進行改革開放和社會主義現代化建設

改革開放和社會主義現代化建設新時期，黨面臨的主要任務是，繼續探索中國建設社會主義的正確道路，解放和發展社會生產力，使人民擺脫貧困、盡快富裕起來，為實現中華民族偉大復興提供充滿新的活力的體制保證和快速發展的物質條件。

"文化大革命"結束以後，在黨和國家面臨何去何從的

重大歷史關頭，黨深刻認識到，只有實行改革開放才是唯一出路，否則我們的現代化事業和社會主義事業就會被葬送。一九七八年十二月，黨召開十一屆三中全會，果斷結束"以階級鬥爭為綱"，實現黨和國家工作中心戰略轉移，開啟了改革開放和社會主義現代化建設新時期，實現了新中國成立以來黨的歷史上具有深遠意義的偉大轉折。黨作出徹底否定"文化大革命"的重大決策。四十多年來，黨始終不渝堅持這次全會確立的路綫方針政策。

黨的十一屆三中全會以後，以鄧小平同志為主要代表的中國共產黨人，團結帶領全黨全國各族人民，深刻總結新中國成立以來正反兩方面經驗，圍繞什麼是社會主義、怎樣建設社會主義這一根本問題，借鑒世界社會主義歷史經驗，創立了鄧小平理論，解放思想，實事求是，作出把黨和國家工作中心轉移到經濟建設上來、實行改革開放的歷史性決策，深刻揭示社會主義本質，確立社會主義初級階段基本路綫，明確提出走自己的路、建設中國特色社會主義，科學回答了建設中國特色社會主義的一系列基本問題，制定了到二十一世紀中葉分三步走、基本實現社會主義現代化的發展戰略，成功開創了中國特色社會主義。

黨的十三屆四中全會以後，以江澤民同志為主要代表的中國共產黨人，團結帶領全黨全國各族人民，堅持黨的基本理論、基本路綫，加深了對什麼是社會主義、怎樣建設社會主義和建設什麼樣的黨、怎樣建設黨的認識，形成了"三個代表"重要思想，在國內外形勢十分複雜、世界社會主義出現嚴重曲折的嚴峻考驗面前捍衛了中國特色社會主義，確立了社會主義市場經濟體制的改革目標和基本框架，確立了社會主義初級階段公有制為主體、多種所有制經濟共同發展的基本經濟制度和按勞分配為主體、多種分配方式並存的分配制度，開創全面改革開放新局面，推進黨的建設新的偉大工程，成功把中國特色社會主義推向二十一世紀。

黨的十六大以後，以胡錦濤同志為主要代表的中國共產黨人，團結帶領全黨全國各族人民，在全面建設小康社會進程中推進實踐創新、理論創新、制度創新，深刻認識和回答了新形勢下實現什麼樣的發展、怎樣發展等重大問題，形成了科學發展觀，抓住重要戰略機遇期，聚精會神搞建設，一心一意謀發展，強調堅持以人為本、全面協調可持續發展，著力保障和改善民生，促進社會公平正義，推進黨的執政能力建設和先進性建設，成功在新形勢下堅持和發展了中國特色社會主義。

為了推進改革開放，黨重新確立馬克思主義的思想路綫、政治路綫、組織路綫，徹底否定"兩個凡是"的錯誤方針，正確評價毛澤東同志的歷史地位和毛澤東思想的科學體系。黨明確我國社會的主要矛盾是人民日益增長的物質文化需要同落後的社會生產之間的矛盾，解決這個主要矛盾就是我們的中心任務，提出小康社會目標。黨在各方面工作中恢復並制定一系列正確政策，調整國民經濟。黨領導全面開展思想、政治、組織等領域撥亂反正，大規模平反冤假錯案和調整社會關係。黨制定《關於建國以來黨的若干歷史問題的決議》，標誌著黨在指導思想上的撥亂反正勝利完成。

黨深刻認識到，開創改革開放和社會主義現代化建設新局面，必須以理論創新引領事業發展。鄧小平同志指出，一個黨，一個國家，一個民族，如果一切從本本出發，思想僵化，迷信盛行，那它就不能前進，它的生機就停止了，就要亡黨亡國。黨領導和支持開展真理標準問題大討論，從新的實踐和時代特徵出發堅持和發展馬克思主義，科學回答了建設中國特色社會主義的發展道路、發展階段、根本任務、發展動力、發展戰略、政治保證、祖國統一、外交和國際戰略、領導力量和依靠力量等一系列基本問題，形成中國特色社會主義理論體系，實現了馬克思主義中國化新的飛躍。

黨的十二大、十三大、十四大、十五大、十六大、十七大，根據國際國內形勢發展變化，從我國發展新要求出發，一以貫之對推進改革開放和社會主義現代化建設作出全面部署，並召開多次中央全會專題研究部署改革發展穩定重大工作。我國改革從農村實行家庭聯產承包責任制率先突破，逐步轉向城市經濟體制改革並全面鋪開，確立社會主義市場經濟的改革方向，更大程度更廣範圍發揮市場在資源配置中的基礎性作用，堅持和完善基本經濟制度和分配制度。黨堅決推進經濟體制改革，同時進行政治、文化、社會等各領域體制改革，推進黨的建設制度改革，不斷形成和發展符合當代中國國情、充滿生機活力的體制機制。黨把對外開放確立為基本國策，從興辦深圳等經濟特區、開發開放浦東、推動沿海沿邊沿江沿綫和內陸中心城市對外開放到加入世界貿易組織，從“引進來”到“走出去”，充分利用國際國內兩個市場、兩種資源。經過持續推進改革開放，我國實現了從高度集中的計劃經濟體制到充滿活力的社會主義市場經濟體制、從封閉半封閉到全方位開放的歷史性轉變。

為了加快推進社會主義現代化，黨領導人民進行經濟建設、政治建設、文化建設、社會建設，取得一系列重大成就。黨堅持以經濟建設為中心，堅持發展是硬道理，提出科學技術是第一生產力，實施科教興國、可持續發展、人才強國等重大戰略，推進西部大開發，振興東北地區等老工業基地，促進中部地區崛起，支持東部地區率先發展，促進城鄉、區域協調發展，推進國有企業改革和發展，鼓勵和支持發展非公有制經濟，加快轉變經濟發展方式，加強生態環境保護，推動經濟持續快速發展，綜合國力大幅提升。黨堅持黨的領導、人民當家作主、依法治國有機統一，發展社會主義民主政治，建設社會主義政治文明，積極穩妥推進政治體制改革，堅持依法治國和以德治國相結合，制定新憲法，建設社會主義法治國家，形成中國特色社會主義法律體系，尊重和保障人權，鞏固和發展最廣泛的愛國統一戰綫。黨加強理想信念教育，推進社會主義核心價值體系建設，建設社會主義精神文明，發展社會主義先進文化，推動社會主義文化大發展大繁榮。黨加快推進以改善民生為重點的社會建設，改善人民生活，取消農業稅，不斷推進學有所教、勞有所得、病有所醫、老有所養、住有所居，促進社會和諧穩定。黨提出建設強大的現代化正規化革命軍隊的總目標，把軍事鬥爭準備的基點放在打贏信息化條件下的局部戰爭上，推進中國特色軍事變革，走中國特色精兵之路。

面對風雲變幻的國際形勢，黨毫不動搖堅持四項基本原則，堅決排除各種干擾，從容應對關係我國改革發展穩定全局的一系列風險考驗。二十世紀八十年代末九十年代初，蘇聯解體、東歐劇變。由於國際上反共反社會主義的敵對勢力的支持和煽動，國際大氣候和國內小氣候導致一九八九年春夏之交我國發生嚴重政治風波。黨和政府依靠人民，旗幟鮮明反對動亂，捍衛了社會主義國家政權，維護了人民根本利益。黨領導人民成功應對亞洲金融危機、國際金融危機等經濟風險，成功舉辦二〇〇八年北京奧運會、殘奧會，戰勝長江和嫩江、松花江流域嚴重洪澇、汶川特大地震等自然災害，戰勝非典疫情，彰顯了黨抵禦風險和駕馭複雜局面的能力。

黨把完成祖國統一大業作為歷史重任，為此進行不懈努力。鄧小平同志創造性提出"一個國家，兩種制度"科學構想，開闢了以和平方式實現祖國統一的新途徑。經過艱巨工作和鬥爭，我國政府相繼對香港、澳門恢復行使主權，洗雪了中華民族百年恥辱。香港、澳門回歸祖國後，中央政府嚴格按照憲法和特別行政區基本法辦事，保持香港、澳門長期繁榮穩定。黨把握解決台灣問題大局，確立"和平統一、一國兩制"基本方針，推動兩岸雙方達成體現一個中國原則的"九二共識"，推進兩岸協商談判，實現全面直接雙向"三通"，開啟兩岸政黨交流。制定反分裂國家法，堅決遏制"台獨"勢力、促進祖國統一，有力挫敗各種製造"兩個中國"、"一中一台"、"台灣獨立"的圖謀。

黨科學判斷時代特徵和國際形勢，提出和平與發展是當今時代的主題。黨堅持維護世界和平、促進共同發展的外交政策宗旨，調整同主要大國的關係，發展同周邊國家的睦鄰友好關係，深化同廣大發展中國家的友好合作，積極參與國際和地區事務，建立起全方位多層次的對外關係新格局。黨積極促進世界多極化和國際關係民主化，推動經濟全球化朝著有利於共同繁榮的方向發展，旗幟鮮明反對霸權主義和強權政治，堅定維護廣大發展中國家利益，推動建立公正合理的國際政治經濟新秩序，促進世界持久和平、共同繁榮。

黨始終強調，治國必先治黨，治黨務必從嚴，聚精會神抓好黨的建設，開創和推進黨的建設新的偉大工程。黨制定關於黨內政治生活的若干準則，健全民主集中制，發揚黨內民主，實現黨內政治生活正常化；有計劃有步驟進行整黨，著力解決黨內思想不純、作風不純、組織不純問題；按照革命化、年輕化、知識化、專業化方針加強幹部隊伍建設，大力選拔中青年幹部，促進幹部隊伍新老交替。黨圍繞解決好提高黨的領導水平和執政水平、提高拒腐防變和抵禦風險能力這兩大歷史性課題，以執政能力建設和先進性建設為主綫，先後就加強黨同人民群眾聯繫、加強和改進黨的作風建設、加強黨的執政能力建設等重大問題作出決定，組織開展"講學習、講政治、講正氣"教育、"三個代表"重要思想學習教育活動、保持共產黨員先進性教育活動、學習實踐科學發展觀活動等集中性學習教育。黨把黨風廉政建設和反腐敗鬥爭提高到關係黨和國家生死存亡的高度，推進懲治和預防腐敗體系建設。

改革開放四十週年之際，黨中央隆重舉行慶祝大會，習近平同志發表重要講話，全面總結四十年改革開放取得的偉大成就和寶貴經驗，強調改革開放是黨的一次偉大覺醒，是中國人民和中華民族發展史上一次偉大革命，發出將改革開放進行到底的偉大號召。改革開放和社會主義現代化建設的偉大成就舉世矚目，我國實現了從生產力相對落後的狀況到經濟總量躍居世界第二的歷史性突破，實現了人民生活從溫飽不足到總體小康、奔向全面小康的歷史性跨越，推進了中華民族從站起來到富起來的偉大飛躍。

中國共產黨和中國人民以英勇頑強的奮鬥向世界莊嚴宣告，改革開放是決定當代中國前途命運的關鍵一招，中國特色社會主義道路是指引中國發展繁榮的正確道路，中國大踏步趕上了時代。

四、開創中國特色社會主義新時代

　　黨的十八大以來，中國特色社會主義進入新時代。黨面臨的主要任務是，實現第一個百年奮鬥目標，開啟實現第二個百年奮鬥目標新征程，朝著實現中華民族偉大復興的宏偉目標繼續前進。

　　以習近平同志為核心的黨中央統籌把握中華民族偉大復興戰略全局和世界百年未有之大變局，強調中國特色社會主義新時代是承前啟後、繼往開來、在新的歷史條件下繼續奪取中國特色社會主義偉大勝利的時代，是決勝全面建成小康社會、進而全面建設社會主義現代化強國的時代，是全國各族人民團結奮鬥、不斷創造美好生活、逐步實現全體人民共同富裕的時代，是全體中華兒女勠力同心、奮力實現中華民族偉大復興中國夢的時代，是我國不斷為人類作出更大貢獻的時代。中國特色社會主義新時代是我國發展新的歷史方位。

　　以習近平同志為主要代表的中國共產黨人，堅持把馬克思主義基本原理同中國具體實際相結合、同中華優秀傳統文化相結合，堅持毛澤東思想、鄧小平理論、“三個代表”重要思想、科學發展觀，深刻總結並充分運用黨成立以來的歷史經驗，從新的實際出發，創立了習近平新時代中國特色社會主義思想，明確中國特色社會主義最本質的特徵是中國共產黨領導，中國特色社會主義制度的最大優勢是中國共產黨領導，中國共產黨是最高政治領導力量，全黨必須增強"四個意識"、堅定"四個自信"、做到"兩個維護"；明確堅持和發展中國特色社會主義，總任務是實現社會主義現代化和中華民族偉大復興，在全面建成小康社會的基礎上，分兩步走在本世紀中葉建成富強民主文明和諧美麗的社會主義現代化強國，以中國式現代化推進中華民族偉大復興；明確新時代我國社會主要矛盾是人民日益增長的美好生活需要和不平衡不充分的發展之間的矛盾，必須堅持以人民為中心的發展思想，發展全過程人民民主，推動人的全面發展、全體人民共同富裕取得更為明顯的實質性進展；明確中國特色社會主義事業總體佈局是經濟建設、政治建設、文化建設、社會建設、生態文明建設五位一體，戰略佈局是全面建設社會主義現代化國家、全面深化改革、全面依法治國、全面從嚴治黨四個全面；明確全面深化改革總目標是完善和發展中國特色社會主義制度、推進國家治理體系和治理能力現代化；明確全面推進依法治國總目標是建設中國特色社會主義法治體系、建設社會主義法治國家；明確必須堅持和完善社會主義基本經濟制度，使市場在資源配置中起決定性作用，更好發揮政府作用，把握新發展階段，貫徹創新、協調、綠色、開放、共享的新發展理念，加快構建以國內大循環為主體、國內國際雙循環相互促進的新發展格局，推動高質量發展，統籌發展和安全；明確黨在新時代的強軍目標是建設一支聽黨指揮、能打勝仗、作風優良的人民軍隊，把人民軍隊建設成為世界一流軍隊；明確中國特色大國外交要服務民族復興、促進人類進步，推動建設新型國際關係，推動構建人類命運共同體；明確全面從嚴治黨的戰略方針，提出新時代黨的建設總要求，全面推進黨的政治建設、思想建設、組織建設、作風建設、紀律建設，把制度建設貫穿其中，深入推進反腐敗鬥爭，落實管黨治黨政治責任，以偉大自我革命引領偉大社會革命。這些戰略思想和創新理念，是黨對中國特色社會主義建設規律認識深化和理論創新的重大成果。

習近平同志對關係新時代黨和國家事業發展的一系列重大理論和實踐問題進行了深邃思考和科學判斷，就新時代堅持和發展什麼樣的中國特色社會主義、怎樣堅持和發展中國特色社會主義，建設什麼樣的社會主義現代化強國、怎樣建設社會主義現代化強國，建設什麼樣的長期執政的馬克思主義政黨、怎樣建設長期執政的馬克思主義政黨等重大時代課題，提出一系列原創性的治國理政新理念新思想新戰略，是習近平新時代中國特色社會主義思想的主要創立者。習近平新時代中國特色社會主義思想是當代中國馬克思主義、二十一世紀馬克思主義，是中華文化和中國精神的時代精華，實現了馬克思主義中國化新的飛躍。黨確立習近平同志黨中央的核心、全黨的核心地位，確立習近平新時代中國特色社會主義思想的指導地位，反映了全黨全軍全國各族人民共同心願，對新時代黨和國家事業發展、對推進中華民族偉大復興歷史進程具有決定性意義。

改革開放以後，黨和國家事業取得重大成就，為新時代發展中國特色社會主義事業奠定了堅實基礎、創造了有利條件。同時，黨清醒認識到，外部環境變化帶來許多新的風險挑戰，國內改革發展穩定面臨不少長期沒有解決的深層次矛盾和問題以及新出現的一些矛盾和問題，管黨治黨一度寬鬆軟帶來黨內消極腐敗現象蔓延、政治生態出現嚴重問題，黨群幹群關係受到損害，黨的創造力、凝聚力、戰鬥力受到削弱，黨治國理政面臨重大考驗。

以習近平同志為核心的黨中央，以偉大的歷史主動精神、巨大的政治勇氣、強烈的責任擔當，統籌國內國際兩個大局，貫徹黨的基本理論、基本路綫、基本方略，統攬偉大鬥爭、偉大工程、偉大事業、偉大夢想，堅持穩中求進工作總基調，出台一系列重大方針政策，推出一系列重大舉措，推進一系列重大工作，戰勝一系列重大風險挑戰，解決了許多長期想解決而沒有解決的難題，辦成了許多過去想辦而沒有辦成的大事，推動黨和國家事業取得歷史性成就、發生歷史性變革。

（一）在堅持黨的全面領導上

改革開放以後，黨為加強和改善黨的領導進行持續努力，為黨和國家事業發展提供了根本政治保證。同時，黨內也存在不少對堅持黨的領導認識模糊、行動乏力問題，存在不少落實黨的領導弱化、虛化、淡化、邊緣化問題，特別是對黨中央重大決策部署執行不力，有的搞上有政策、下有對策，甚至口是心非、擅自行事。以習近平同志為核心的黨中央旗幟鮮明提出，黨的領導是黨和國家的根本所在、命脈所在，是全國各族人民的利益所繫、命運所繫，全黨必須自覺在思想上政治上行動上同黨中央保持高度一致，提高科學執政、民主執政、依法執政水平，提高把方向、謀大局、定政策、促改革的能力，確保充分發揮黨總攬全局、協調各方的領導核心作用。

黨明確提出，黨的領導是全面的、系統的、整體的，保證黨的團結統一是黨的生命；黨中央集中統一領導是黨的領導的最高原則，加強和維護黨中央集中統一領導是全黨共同的政治責任，堅持黨的領導首先要旗幟鮮明講政治，保證全黨服從中央。黨的十八屆六中全會通過關於新形勢下黨內政治生活的若干準則，黨中央出台中央政治局加強和維護黨中央集中統一領導的若干規定，嚴明黨的政治紀律和政治規矩，防止和反對個人主義、分散主義、自由主義、本位主義、好人主義等，發展積極健康的黨內政治文化，推動營造風清氣正的良好政治生態。黨中央要求黨的領導幹部提高政治判斷力、政治領悟力、政治執行力，胸懷"國之大者"，對黨忠誠、聽黨指揮、為黨盡責。黨健全黨的領導制度體系，完善黨領導人大、政府、政協、監察機關、審判機關、檢察機關、武裝力量、人民團體、企事業單位、基層群眾性自治組織、社會組織等制度，確保黨在各種組織中發揮領導作用。黨堅持民主集中制，建立健全黨對重大工作的領導體制，強化黨中央決策議事協調機構職能作用，完善推動黨中央重大決策落實機制，嚴格執行向黨中央請示報告制度，強化政治監督，深化政治巡視，查處違背黨的路綫方針政策、破壞黨的集中統一領導問題，清除"兩面人"，保證全黨在政治立場、政治方向、政治原則、政治道路上同黨中央保持高度一致。

黨的十八大以來，黨中央權威和集中統一領導得到有力保證，黨的領導制度體系不斷完善，黨的領導方式更加科學，全黨思想上更加統一、政治上更加團結、行動上更加一致，黨的政治領導力、思想引領力、群眾組織力、社會號召力顯著增強。

（二）在全面從嚴治黨上

改革開放以後，黨堅持黨要管黨、從嚴治黨，推進黨的建設取得明顯成效。同時，由於一度出現管黨不力、治黨不嚴問題，有些黨員、幹部政治信仰出現嚴重危機，一些地方和部門選人用人風氣不正，形式主義、官僚主義、享樂主義和奢靡之風盛行，特權思想和特權現象較為普遍存在。特別是搞任人唯親、排斥異己的有之，搞團團夥夥、拉幫結派的有之，搞匿名誣告、製造謠言的有之，搞收買人心、拉動選票的有之，搞封官許願、彈冠相慶的有之，搞自行其是、陽奉陰違的有之，搞尾大不掉、妄議中央的也有之，政治問題和經濟問題相互交織，貪腐程度觸目驚心。這“七個有之”問題嚴重影響黨的形象和威信，嚴重損害黨群幹群關係，引起廣大黨員、幹部、群眾強烈不滿和義憤。習近平同志強調，打鐵必須自身硬，辦好中國的事情，關鍵在黨，關鍵在黨要管黨、全面從嚴治黨。必須以加強黨的長期執政能力建設、先進性和純潔性建設為主綫，以黨的政治建設為統領，以堅定理想信念宗旨為根基，以調動全黨積極性、主動性、創造性為著力點，不斷提高黨的建設質量，把黨建設成為始終走在時代前列、人民衷心擁護、勇於自我革命、經得起各種風浪考驗、朝氣蓬勃的馬克思主義執政黨。黨以永遠在路上的清醒和堅定，堅持嚴的主基調，突出抓住"關鍵少數"，落實主體責任和監督責任，強化監督執紀問責，把全面從嚴治黨貫穿於黨的建設各方面。黨中央召開各領域黨建工作會議作出有力部署，推動黨的建設全面進步。

黨中央強調，我們黨來自人民、植根人民、服務人民，一旦脫離群眾就會失去生命力，全面從嚴治黨必須從人民群眾反映強烈的作風問題抓起。黨中央從制定和落實中央八項規定破題，堅持從中央政治局做起、從領導幹部抓起，以上率下改進工作作風。中央政治局每年召開民主生活會，聽取貫徹執行八項規定情況彙報，開展批評和自我批評。黨中央發揚釘釘子精神，持之以恆糾治"四風"，反對特權思想和特權現象，狠剎公款送禮、公款吃喝、公款旅遊、奢侈浪費等不正之風，解決群眾反映強烈、損害群眾利益的突出問題，推進基層減負，倡導勤儉節約、反對鋪張浪費，剎住了一些過去被認為不可能剎住的歪風，糾治了一些多年未除的頑瘴痼疾，黨風政風和社會風氣為之一新。

黨歷來強調，全黨必須做到理想信念堅定、組織體系嚴密、紀律規矩嚴明。馬克思主義信仰、共產主義遠大理想、中國特色社會主義共同理想，是中國共產黨人的精神支柱和政治靈魂，也是保持黨的團結統一的思想基礎。黨中央強調，理想信念是共產黨人精神上的“鈣”，共產黨人如果沒有理想信念，精神上就會“缺鈣”，就會得“軟骨病”，必然導致政治上變質、經濟上貪婪、道德上墮落、生活上腐化。黨堅持思想建黨和制度治黨同向發力，先後開展黨的群眾路綫教育實踐活動、“嚴以修身、嚴以用權、嚴以律己，謀事要實、創業要實、做人要實”專題教育、“學黨章黨規、學系列講話，做合格黨員”學習教育、“不忘初心、牢記使命”主題教育、黨史學習教育等，用黨的創新理論武裝全黨，推進學習型政黨建設，教育引導廣大黨員、幹部特別是領導幹部從思想上正本清源、固本培元，築牢信仰之基、補足精神之鈣、把穩思想之舵，保持共產黨人政治本色，挺起共產黨人的精神脊樑。黨提出和貫徹新時代黨的組織路綫，明確信念堅定、為民服務、勤政務實、敢於擔當、清正廉潔的新時代好幹部標準，突出政治素質要求、樹立正確用人導向，堅持德才兼備、以德為先，堅持五湖四海、任人唯賢，堅持事業為上、公道正派，堅持不唯票、不唯分、不唯生產總值、不唯年齡，不搞"海推"、"海選"，強化黨組織領導和把關作用，糾正選人用人上的不正之風。黨要求各級領導幹部解決好世界觀、人生觀、價值觀這個"總開關"問題，珍惜權力、管好權力、慎用權力，自覺接受各方面監督，時刻想著為黨分憂、為國奉獻、為民造福。黨堅持黨管人才原則，實行更加積極、更加開放、更加有效的人才政策，深入實施新時代人才強國戰略，加快建設世界重要人才中心和創新高地，聚天下英才而用之。黨不斷健全組織體系，以提升組織力為重點，增強黨組織政治功能和組織功能，樹立大抓基層的鮮明導向，推動黨的組織和黨的工作全覆蓋。黨堅持紀嚴於法、執紀執法貫通，用好監督執紀"四種形態"，強化政治紀律和組織紀律，帶動各項紀律全面嚴起來。黨堅持依規治黨，嚴格遵守黨章，形成比較完善的黨內法規體系，嚴格制度執行，黨的建設科學化、制度化、規範化水平明顯提高。

黨中央強調，腐敗是黨長期執政的最大威脅，反腐敗是一場輸不起也決不能輸的重大政治鬥爭，不得罪成百上千的腐敗分子，就要得罪十四億人民，必須把權力關進制度的籠子裏，依紀依法設定權力、規範權力、制約權力、監督權力。黨堅持不敢腐、不能腐、不想腐一體推進，懲治震懾、制度約束、提高覺悟一體發力，確保黨和人民賦予的權力始終用來為人民謀幸福。堅持無禁區、全覆蓋、零容忍，堅持重遏制、強高壓、長震懾，堅持受賄行賄一起查，堅持有案必查、有腐必懲，以猛藥去疴、重典治亂的決心，以刮骨療毒、壯士斷腕的勇氣，堅定不移"打虎"、"拍蠅"、"獵狐"。堅決整治群眾身邊腐敗問題，深入開展國際追逃追贓，清除一切腐敗分子。黨聚焦政治問題和經濟問題交織的腐敗案件，防止黨內形成利益集團，查處周永康、薄熙來、孫政才、令計劃等嚴重違紀違法案件。黨領導完善黨和國家監督體系，推動設立國家監察委員會和地方各級監察委員會，構建巡視巡察上下聯動格局，構建以黨內監督為主導、各類監督貫通協調的機制，加強對權力運行的制約和監督。

黨的十八大以來，經過堅決鬥爭，全面從嚴治黨的政治引領和政治保障作用充分發揮，黨的自我淨化、自我完善、自我革新、自我提高能力顯著增強，管黨治黨寬鬆軟狀況得到根本扭轉，反腐敗鬥爭取得壓倒性勝利並全面鞏固，消除了黨、國家、軍隊內部存在的嚴重隱患，黨在革命性鍛造中更加堅強。

（三）在經濟建設上

改革開放以後，黨扭住經濟建設這個中心，領導人民埋頭苦幹，創造出經濟快速發展奇跡，國家經濟實力大幅躍升。同時，由於一些地方和部門存在片面追求速度規模、發展方式粗放等問題，加上國際金融危機後世界經濟持續低迷影響，經濟結構性體制性矛盾不斷積累，發展不平衡、不協調、不可持續問題十分突出。黨中央提出，我國經濟發展進入新常態，已由高速增長階段轉向高質量發展階段，面臨增長速度換擋期、結構調整陣痛期、前期刺激政策消化期"三期疊加"的複雜局面，傳統發展模式難以為繼。黨中央強調，貫徹新發展理念是關係我國發展全局的一場深刻變革，不能簡單以生產總值增長率論英雄，必須實現創新成為第一動力、協調成為內生特點、綠色成為普遍形態、開放成為必由之路、共享成為根本目的的高質量發展，推動經濟發展質量變革、效率變革、動力變革。

　　黨加強對經濟工作的戰略謀劃和統一領導，完善黨領導經濟工作體制機制。黨的十八屆五中全會、黨的十九大、黨的十九屆五中全會和歷次中央經濟工作會議集中對我國發展作出部署，作出堅持以高質量發展為主題、以供給側結構性改革為主綫、建設現代化經濟體系、把握擴大內需戰略基點，打好防範化解重大風險、精準脫貧、污染防治三大攻堅戰等重大決策。黨毫不動搖鞏固和發展公有制經濟，毫不動搖鼓勵、支持、引導非公有制經濟發展，支持國有資本和國有企業做強做優做大，建立中國特色現代企業制度，增強國有經濟競爭力、創新力、控制力、影響力、抗風險能力；構建親清政商關係，促進非公有制經濟健康發展和非公有制經濟人士健康成長。黨堅持實施創新驅動發展戰略，把科技自立自強作為國家發展的戰略支撐，健全新型舉國體制，強化國家戰略科技力量，加強基礎研究，推進關鍵核心技術攻關和自主創新，強化知識產權創造、保護、運用，加快建設創新型國家和世界科技強國。全面實施供給側結構性改革，推進去產能、去庫存、去槓桿、降成本、補短板，落實鞏固、增強、提升、暢通要求，推進製造強國建設，加快發展現代產業體系，壯大實體經濟，發展數字經濟。完善宏觀經濟治理，創新宏觀調控思路和方式，增強宏觀政策自主性，實施積極的財政政策和穩健的貨幣政策，堅持推進簡政放權、放管結合、優化服務，保障糧食安全、能源資源安全、產業鏈供應鏈安全，堅持金融為實體經濟服務，全面加強金融監管，防範化解經濟金融領域風險，強化市場監管和反壟斷規制，防止資本無序擴張，維護市場秩序，激發各類市場主體特別是中小微企業活力，保護廣大勞動者和消費者權益。黨實施區域協調發展戰略，促進京津冀協同發展、長江經濟帶發展、粵港澳大灣區建設、長三角一體化發展、黃河流域生態保護和高質量發展，高標準高質量建設雄安新區，推動西部大開發形成新格局，推動東北振興取得新突破，推動中部地區高質量發展，鼓勵東部地區加快推進現代化，支持革命老區、民族地區、邊疆地區、貧困地區改善生產生活條件。推進以人為核心的新型城鎮化，加強城市規劃、建設、管理。黨始終把解決好"三農"問題作為全黨工作重中之重，實施鄉村振興戰略，加快推進農業農村現代化，堅持藏糧於地、藏糧於技，實行最嚴格的耕地保護制度，推動種業科技自立自強、種源自主可控，確保把中國人的飯碗牢牢端在自己手中。

黨的十八大以來，我國經濟發展平衡性、協調性、可持續性明顯增強，國內生產總值突破百萬億元大關，人均國內生產總值超過一萬美元，國家經濟實力、科技實力、綜合國力躍上新台階，我國經濟邁上更高質量、更有效率、更加公平、更可持續、更為安全的發展之路。

（四）在全面深化改革開放上

黨的十一屆三中全會以後，我國改革開放走過波瀾壯闊的歷程，取得舉世矚目的成就。隨著實踐發展，一些深層次體制機制問題和利益固化的藩籬日益顯現，改革進入攻堅期和深水區。黨中央深刻認識到，實踐發展永無止境，解放思想永無止境，改革開放也永無止境，改革只有進行時、沒有完成時，停頓和倒退沒有出路，必須以更大的政治勇氣和智慧推進全面深化改革，敢於啃硬骨頭，敢於涉險灘，突出制度建設，注重改革關聯性和耦合性，真槍真刀推進改革，有效破除各方面體制機制弊端。

黨的十八屆三中全會對經濟體制、政治體制、文化體制、社會體制、生態文明體制、國防和軍隊改革和黨的建設制度改革作出部署，確定全面深化改革的總目標、戰略重點、優先順序、主攻方向、工作機制、推進方式和時間表、路綫圖。黨的十一屆三中全會是劃時代的，開啟了改革開放和社會主義現代化建設新時期。黨的十八屆三中全會也是劃時代的，實現改革由局部探索、破冰突圍到系統集成、全面深化的轉變，開創了我國改革開放新局面。

黨堅持改革正確方向，以促進社會公平正義、增進人民福祉為出發點和落腳點，突出問題導向，聚焦進一步解放思想、解放和發展社會生產力、解放和增強社會活力，加強頂層設計和整體謀劃，增強改革的系統性、整體性、協同性，激發人民首創精神，推動重要領域和關鍵環節改革走實走深。黨推動改革全面發力、多點突破、蹄疾步穩、縱深推進，從夯基壘台、立柱架樑到全面推進、積厚成勢，再到系統集成、協同高效，各領域基礎性制度框架基本確立，許多領域實現歷史性變革、系統性重塑、整體性重構。

　　黨中央深刻認識到，開放帶來進步，封閉必然落後；我國發展要贏得優勢、贏得主動、贏得未來，必須順應經濟全球化，依託我國超大規模市場優勢，實行更加積極主動的開放戰略。我國堅持共商共建共享，推動共建"一帶一路"高質量發展，推進一大批關係沿綫國家經濟發展、民生改善的合作項目，建設和平之路、繁榮之路、開放之路、綠色之路、創新之路、文明之路，使共建"一帶一路"成為當今世界深受歡迎的國際公共產品和國際合作平台。我國堅持對內對外開放相互促進、"引進來"和"走出去"更好結合，推動貿易和投資自由化便利化，構建面向全球的高標準自由貿易區網絡，建設自由貿易試驗區和海南自由貿易港，推動規則、規制、管理、標準等制度型開放，形成更大範圍、更寬領域、更深層次對外開放格局，構建互利共贏、多元平衡、安全高效的開放型經濟體系，不斷增強我國國際經濟合作和競爭新優勢。

　　黨的十八大以來，黨不斷推動全面深化改革向廣度和深度進軍，中國特色社會主義制度更加成熟更加定型，國家治理體系和治理能力現代化水平不斷提高，黨和國家事業煥發出新的生機活力。

（五）在政治建設上

改革開放以後，黨領導人民堅持中國特色社會主義政治發展道路，發展社會主義民主，取得重大進展。黨從國內外政治發展成敗得失中深刻認識到，堅定中國特色社會主義制度自信首先要堅定對中國特色社會主義政治制度的自信，建設社會主義民主政治，發展社會主義政治文明，必須使中國特色社會主義政治制度深深扎根於中國社會土壤，照抄照搬他國政治制度行不通，甚至會把國家前途命運葬送掉。必須堅持黨的領導、人民當家作主、依法治國有機統一，積極發展全過程人民民主，健全全面、廣泛、有機銜接的人民當家作主制度體系，構建多樣、暢通、有序的民主渠道，豐富民主形式，從各層次各領域擴大人民有序政治參與，使各方面制度和國家治理更好體現人民意志、保障人民權益、激發人民創造。必須警惕和防範西方所謂"憲政"、多黨輪流執政、"三權鼎立"等政治思潮的侵蝕影響。

黨的十九屆四中全會著眼於黨長期執政和國家長治久安，對堅持和完善中國特色社會主義制度、推進國家治理體系和治理能力現代化作出總體擘畫，重點部署堅持和完善支撐中國特色社會主義制度的根本制度、基本制度、重要制度。黨中央強調，必須堅持人民主體地位，保證人民依法實行民主選舉、民主協商、民主決策、民主管理、民主監督。黨堅持和完善人民代表大會制度，支持和保證人民通過人民代表大會行使國家權力，支持和保證人大依法行使立法權、監督權、決定權、任免權，果斷查處拉票賄選案，維護人民代表大會制度權威和尊嚴，發揮人民代表大會制度的根本政治制度作用。黨堅持和完善中國共產黨領導的多黨合作和政治協商制度，完善民主黨派中央對重大決策部署貫徹落實情況實施專項監督、直接向中共中央提出建議等制度，加強人民政協專門協商機構制度建設，推進社會主義協商民主廣泛多層制度化發展，形成中國特色協商民主體系。黨堅持鞏固基層政權，完善基層民主制度，完善辦事公開制度，保障人民知情權、參與權、表達權、監督權。按照堅持黨的全面領導、堅持以人民為中心、堅持優化協同高效、堅持全面依法治國的原則，全面深化黨和國家機構改革，黨和國家機構職能實現系統性、整體性重構。黨堅持和完善民族區域自治制度，堅定不移走中國特色解決民族問題的正確道路，堅持把鑄牢中華民族共同體意識作為黨的民族工作主綫，確立新時代黨的治藏方略、治疆方略，鞏固和發展平等團結互助和諧的社會主義民族關係，促進各民族共同團結奮鬥、共同繁榮發展。黨堅持黨的宗教工作基本方針，堅持我國宗教的中國化方向，積極引導宗教與社會主義社會相適應。黨完善大統戰工作格局，努力尋求最大公約數、畫出最大同心圓，匯聚實現中華民族偉大復興的磅礴力量。黨圍繞增強政治性、先進性、群眾性，推動群團工作改革創新，更好發揮工會、共青團、婦聯等人民團體和群眾組織作用。我們以保障人民生存權、發展權為首要推進人權事業全面發展。

黨的十八大以來，我國社會主義民主政治制度化、規範化、程序化全面推進，中國特色社會主義政治制度優越性得到更好發揮，生動活潑、安定團結的政治局面得到鞏固和發展。

（六）在全面依法治國上

改革開放以後，黨堅持依法治國，不斷推進社會主義法治建設。同時，有法不依、執法不嚴、司法不公、違法不究等問題嚴重存在，司法腐敗時有發生，一些執法司法人員徇私枉法，甚至充當犯罪分子的保護傘，嚴重損害法治權威，嚴重影響社會公平正義。黨深刻認識到，權力是一把"雙刃劍"，依法依規行使可以造福人民，違法違規行使必然禍害國家和人民。黨中央強調，法治興則國家興，法治衰則國家亂；全面依法治國是中國特色社會主義的本質要求和重要保障，是國家治理的一場深刻革命；堅持依法治國首先要堅持依憲治國，堅持依法執政首先要堅持依憲執政。必須堅持中國特色社會主義法治道路，貫徹中國特色社會主義法治理論，堅持依法治國、依法執政、依法行政共同推進，堅持法治國家、法治政府、法治社會一體建設，全面增強全社會尊法學法守法用法意識和能力。

黨的十八屆四中全會和中央全面依法治國工作會議專題研究全面依法治國問題，就科學立法、嚴格執法、公正司法、全民守法作出頂層設計和重大部署，統籌推進法律規範體系、法治實施體系、法治監督體系、法治保障體系和黨內法規體系建設。

黨強調，全面依法治國最廣泛、最深厚的基礎是人民，必須把體現人民利益、反映人民願望、維護人民權益、增進人民福祉落實到全面依法治國各領域全過程，保障和促進社會公平正義，努力讓人民群眾在每一項法律制度、每一個執法決定、每一宗司法案件中都感受到公平正義。黨領導健全保證憲法全面實施的體制機制，確立憲法宣誓制度，弘揚社會主義法治精神，提高國家機構依法履職能力，提高各級領導幹部運用法治思維和法治方式解決問題、推動發展的能力，增強全社會法治意識。通過憲法修正案，制定民法典、外商投資法、國家安全法、監察法等法律，修改立法法、國防法、環境保護法等法律，加強重點領域、新興領域、涉外領域立法，加快完善以憲法為核心的中國特色社會主義法律體系。黨領導深化以司法責任制為重點的司法體制改革，推進政法領域全面深化改革，加強對執法司法活動的監督制約，開展政法隊伍教育整頓，依法糾正冤錯案件，嚴厲懲治執法司法腐敗，確保執法司法公正廉潔高效權威。

黨的十八大以來，中國特色社會主義法治體系不斷健全，法治中國建設邁出堅實步伐，法治固根本、穩預期、利長遠的保障作用進一步發揮，黨運用法治方式領導和治理國家的能力顯著增強。

（七）在文化建設上

改革開放以後，黨堅持物質文明和精神文明兩手抓、兩手硬，推動社會主義文化繁榮發展，振奮了民族精神，凝聚了民族力量。同時，拜金主義、享樂主義、極端個人主義和歷史虛無主義等錯誤思潮不時出現，網絡輿論亂象叢生，一些領導幹部政治立場模糊、缺乏鬥爭精神，嚴重影響人們思想和社會輿論環境。黨準確把握世界範圍內思想文化相互激盪、我國社會思想觀念深刻變化的趨勢，強調意識形態工作是為國家立心、為民族立魂的工作，文化自信是更基礎、更廣泛、更深厚的自信，是一個國家、一個民族發展中最基本、最深沉、最持久的力量，沒有高度文化自信、沒有文化繁榮興盛就沒有中華民族偉大復興。必須堅持以人民為中心的工作導向，舉旗幟、聚民心、育新人、興文化、展形象，牢牢掌握意識形態工作領導權，建設具有強大凝聚力和引領力的社會主義意識形態，建設社會主義文化強國，激發全民族文化創新創造活力，更好構築中國精神、中國價值、中國力量，鞏固全黨全國各族人民團結奮鬥的共同思想基礎。

黨著力解決意識形態領域黨的領導弱化問題，立破並舉、激濁揚清，就意識形態領域許多方向性、戰略性問題作出部署，確立和堅持馬克思主義在意識形態領域指導地位的根本制度，健全意識形態工作責任制，推動全黨動手抓宣傳思想工作，守土有責、守土負責、守土盡責，敢抓敢管、敢於鬥爭，旗幟鮮明反對和抵制各種錯誤觀點。黨從正本清源入手加強宣傳思想工作，召開全國宣傳思想工作會議，分別召開文藝工作、黨的新聞輿論工作、網絡安全和信息化工作、哲學社會科學工作座談會和全國高校思想政治工作會議，就一系列根本性問題闡明原則立場，廓清了理論是非，校正了工作導向，思想文化領域向上向好態勢不斷發展。推動用黨的創新理論武裝全黨、教育人民、指導實踐，深化馬克思主義理論研究和建設，推進中國特色哲學社會科學學科體系、學術體系、話語體系建設。高度重視傳播手段建設和創新，推動媒體融合發展，提高新聞輿論傳播力、引導力、影響力、公信力。黨中央明確提出，過不了互聯網這一關就過不了長期執政這一關。黨高度重視互聯網這個意識形態鬥爭的主陣地、主戰場、最前沿，健全互聯網領導和管理體制，堅持依法管網治網，營造清朗的網絡空間。

黨堅持以社會主義核心價值觀引領文化建設，注重用社會主義先進文化、革命文化、中華優秀傳統文化培根鑄魂，廣泛開展中國特色社會主義和中國夢宣傳教育，推動理想信念教育常態化制度化，完善思想政治工作體系，建立健全黨和國家功勳榮譽表彰制度，設立烈士紀念日，深化群眾性精神文明創建，建設新時代文明實踐中心，推動學習大國建設。黨推動學習黨史、新中國史、改革開放史、社會主義發展史，建成中國共產黨歷史展覽館，開展慶祝中國共產黨成立一百週年、中華人民共和國成立七十週年、中國人民解放軍建軍九十週年、改革開放四十週年和紀念中國人民抗日戰爭暨世界反法西斯戰爭勝利七十週年、中國人民志願軍抗美援朝出國作戰七十週年等活動，有力彰顯黨心民心、國威軍威，在全社會唱響了主旋律、弘揚了正能量。黨堅持把社會效益放在首位、社會效益和經濟效益相統一，推進文化事業和文化產業全面發展，繁榮文藝創作，完善公共文化服務體系，為人民提供了更多更好的精神食糧。

黨中央強調，中華優秀傳統文化是中華民族的突出優勢，是我們在世界文化激蕩中站穩腳跟的根基，必須結合新的時代條件傳承和弘揚好。我們實施中華優秀傳統文化傳承發展工程，推動中華優秀傳統文化創造性轉化、創新性發展，增強全社會文物保護意識，加大文化遺產保護力度。加快國際傳播能力建設，向世界講好中國故事、中國共產黨故事，傳播好中國聲音，促進人類文明交流互鑒，國家文化軟實力、中華文化影響力明顯提升。

黨的十八大以來，我國意識形態領域形勢發生全局性、根本性轉變，全黨全國各族人民文化自信明顯增強，全社會凝聚力和向心力極大提升，為新時代開創黨和國家事業新局面提供了堅強思想保證和強大精神力量。

（八）在社會建設上

改革開放以後，我國人民生活顯著改善，社會治理明顯改進。同時，隨著時代發展和社會進步，人民對美好生活的嚮往更加強烈，對民主、法治、公平、正義、安全、環境等方面的要求日益增長。黨中央強調，人民對美好生活的嚮往就是我們的奮鬥目標，增進民生福祉是我們堅持立黨為公、執政為民的本質要求，讓老百姓過上好日子是我們一切工作的出發點和落腳點，補齊民生保障短板、解決好人民群眾急難愁盼問題是社會建設的緊迫任務。必須以保障和改善民生為重點加強社會建設，盡力而為、量力而行，一件事情接著一件事情辦，一年接著一年幹，在幼有所育、學有所教、勞有所得、病有所醫、老有所養、住有所居、弱有所扶上持續用力，加強和創新社會治理，使人民獲得感、幸福感、安全感更加充實、更有保障、更可持續。

　　黨深刻認識到，小康不小康，關鍵看老鄉；脫貧攻堅是全面建成小康社會的底線任務，只有打贏脫貧攻堅戰，才能確保全面建成小康社會、實現第一個百年奮鬥目標；必須以更大決心、更精準思路、更有力措施，採取超常舉措，實施脫貧攻堅工程。黨堅持精準扶貧，確立不愁吃、不愁穿和義務教育、基本醫療、住房安全有保障工作目標，實行"軍令狀"式責任制，動員全黨全國全社會力量，上下同心、盡銳出戰，攻克堅中之堅、解決難中之難，組織實施人類歷史上規模最大、力度最強的脫貧攻堅戰，形成偉大脫貧攻堅精神。黨的十八大以來，全國八百三十二個貧困縣全部摘帽，十二萬八千個貧困村全部出列，近一億農村貧困人口實現脫貧，提前十年實現聯合國二〇三〇年可持續發展議程減貧目標，歷史性地解決了絕對貧困問題，創造了人類減貧史上的奇跡。

二〇二〇年，面對突如其來的新冠肺炎疫情，黨中央果斷決策、沉著應對，堅持人民至上、生命至上，提出堅定信心、同舟共濟、科學防治、精準施策的總要求，開展抗擊疫情人民戰爭、總體戰、阻擊戰，周密部署武漢保衛戰、湖北保衛戰，舉全國之力實施規模空前的生命大救援，慎終如始抓好“外防輸入、內防反彈”，堅持統籌疫情防控和經濟社會發展，最大限度保護了人民生命安全和身體健康，在全球率先控制住疫情、率先復工復產、率先恢復經濟社會發展，抗疫鬥爭取得重大戰略成果，鑄就了偉大抗疫精神。

為了保障和改善民生，黨按照堅守底綫、突出重點、完善制度、引導預期的思路，在收入分配、就業、教育、社會保障、醫療衛生、住房保障等方面推出一系列重大舉措，注重加強普惠性、基礎性、兜底性民生建設，推進基本公共服務均等化。我們努力建設體現效率、促進公平的收入分配體系，調節過高收入，取締非法收入，增加低收入者收入，穩步擴大中等收入群體，推動形成橄欖型分配格局，居民收入增長與經濟增長基本同步，農村居民收入增速快於城鎮居民。實施就業優先政策，推動實現更加充分、更高質量就業。全面貫徹黨的教育方針，優先發展教育事業，明確教育的根本任務是立德樹人，培養德智體美勞全面發展的社會主義建設者和接班人，深化教育教學改革創新，促進公平和提高質量，推進義務教育均衡發展和城鄉一體化，全面推行國家通用語言文字教育教學，規範校外培訓機構，積極發展職業教育，推動高等教育內涵式發展，推進教育強國建設，辦好人民滿意的教育。我國建成世界上規模最大的社會保障體系，十億二千萬人擁有基本養老保險，十三億六千萬人擁有基本醫療保險。全面推進健康中國建設，堅持預防為主的方針，深化醫藥衛生體制改革，引導醫療衛生工作重心下移、資源下沉，及時推動完善重大疫情防控體制機制、健全國家公共衛生應急管理體系，促進中醫藥傳承創新發展，健全遍及城鄉的公共衛生服務體系。加快體育強國建設，廣泛開展全民健身活動，大力弘揚中華體育精神。加強人口發展戰略研究，積極應對人口老齡化，加快建設養老服務體系，調整優化生育政策，促進人口長期均衡發展。注重家庭家教家風建設，保障婦女兒童權益。加快發展殘疾人事業。堅持房子是用來住的、不是用來炒的定位，加快建立多主體供給、多渠道保障、租購並舉的住房制度，加大保障房建設投入力度，城鄉居民住房條件明顯改善。

　　黨著眼於國家長治久安、人民安居樂業，建設更高水平的平安中國，完善社會治理體系，健全黨組織領導的自治、法治、德治相結合的城鄉基層治理體系，推動社會治理重心向基層下移，建設共建共治共享的社會治理制度，建設人人有責、人人盡責、人人享有的社會治理共同體。加強防災減災救災和安全生產工作，加強國家應急管理體系和能力建設。堅持和發展新時代"楓橋經驗"，堅持系統治理、依法治理、綜合治理、源頭治理，完善信訪制度，健全社會矛盾糾紛多元預防調處化解綜合機制，加強社會治安綜合治理，開展掃黑除惡專項鬥爭，堅決懲治放縱、包庇黑惡勢力甚至充當保護傘的黨員幹部，防範和打擊暴力恐怖、新型網絡犯罪、跨國犯罪。

黨的十八大以來，我國社會建設全面加強，人民生活全方位改善，社會治理社會化、法治化、智能化、專業化水平大幅度提升，發展了人民安居樂業、社會安定有序的良好局面，續寫了社會長期穩定奇跡。

（九）在生態文明建設上

改革開放以後，黨日益重視生態環境保護。同時，生態文明建設仍然是一個明顯短板，資源環境約束趨緊、生態系統退化等問題越來越突出，特別是各類環境污染、生態破壞呈高發態勢，成為國土之傷、民生之痛。如果不抓緊扭轉生態環境惡化趨勢，必將付出極其沉重的代價。黨中央強調，生態文明建設是關乎中華民族永續發展的根本大計，保護生態環境就是保護生產力，改善生態環境就是發展生產力，決不以犧牲環境為代價換取一時的經濟增長。必須堅持綠水青山就是金山銀山的理念，堅持山水林田湖草沙一體化保護和系統治理，像保護眼睛一樣保護生態環境，像對待生命一樣對待生態環境，更加自覺地推進綠色發展、循環發展、低碳發展，堅持走生產發展、生活富裕、生態良好的文明發展道路。

黨從思想、法律、體制、組織、作風上全面發力，全方位、全地域、全過程加強生態環境保護，推動劃定生態保護紅綫、環境質量底綫、資源利用上綫，開展一系列根本性、開創性、長遠性工作。黨組織實施主體功能區戰略，建立健全自然資源資產產權制度、國土空間開發保護制度、生態文明建設目標評價考核制度和責任追究制度、生態補償制度、河湖長制、林長制、環境保護"黨政同責"和"一崗雙責"等制度，制定修訂相關法律法規。優化國土空間開發保護格局，建立以國家公園為主體的自然保護地體系，持續開展大規模國土綠化行動，加強大江大河和重要湖泊濕地及海岸帶生態保護和系統治理，加大生態系統保護和修復力度，加強生物多樣性保護，推動形成節約資源和保護環境的空間格局、產業結構、生產方式、生活方式。黨領導著力打贏污染防治攻堅戰，深入實施大氣、水、土壤污染防治三大行動計劃，打好藍天、碧水、淨土保衛戰，開展農村人居環境整治，全面禁止進口"洋垃圾"。開展中央生態環境保護督察，堅決查處一批破壞生態環境的重大典型案件、解決一批人民群眾反映強烈的突出環境問題。我國積極參與全球環境與氣候治理，作出力爭二〇三〇年前實現碳達峰、二〇六〇年前實現碳中和的莊嚴承諾，體現了負責任大國的擔當。

黨的十八大以來，黨中央以前所未有的力度抓生態文明建設，全黨全國推動綠色發展的自覺性和主動性顯著增強，美麗中國建設邁出重大步伐，我國生態環境保護發生歷史性、轉折性、全局性變化。

（十）在國防和軍隊建設上

改革開放以後，人民軍隊革命化現代化正規化水平不斷提高，國防實力日益增強，為國家改革發展穩定提供了可靠安全保障。黨中央強調，強國必須強軍、軍強才能國安，必須建設同我國國際地位相稱、同國家安全和發展利益相適應的鞏固國防和強大人民軍隊。

黨提出新時代的強軍目標，確立新時代軍事戰略方針，制定到二〇二七年實現建軍一百年奮鬥目標、到二〇三五年基本實現國防和軍隊現代化、到本世紀中葉全面建成世界一流軍隊的國防和軍隊現代化新"三步走"戰略，推進政治建軍、改革強軍、科技強軍、人才強軍、依法治軍，加快軍事理論現代化、軍隊組織形態現代化、軍事人員現代化、武器裝備現代化，加快機械化信息化智能化融合發展，全面加強練兵備戰，堅持走中國特色強軍之路。

建設強大人民軍隊，首要的是毫不動搖堅持黨對人民軍隊絕對領導的根本原則和制度，堅持人民軍隊最高領導權和指揮權屬於黨中央和中央軍委，全面深入貫徹軍委主席負責制。有一個時期，人民軍隊黨的領導弱化問題突出，如果不徹底解決，不僅影響戰鬥力，而且事關黨指揮槍這一重大政治原則。黨中央和中央軍委狠抓全面從嚴治軍，果斷決策整肅人民軍隊政治綱紀，在古田召開全軍政治工作會議，對新時代政治建軍作出部署，恢復和發揚我黨我軍光榮傳統和優良作風，以整風精神推進政治整訓，全面加強軍隊黨的領導和黨的建設，深入推進軍隊黨風廉政建設和反腐敗鬥爭，堅決查處郭伯雄、徐才厚、房峰輝、張陽等嚴重違紀違法案件並徹底肅清其流毒影響，推動人民軍隊政治生態根本好轉。

黨提出改革強軍戰略，領導開展新中國成立以來最為廣泛、最為深刻的國防和軍隊改革，重構人民軍隊領導指揮體制、現代軍事力量體系、軍事政策制度，裁減現役員額三十萬，形成了軍委管總、戰區主戰、軍種主建新格局。面對世界新軍事革命，我們實施科技強軍戰略，建設創新型人民軍隊，建設強大的現代化後勤，國防科技和武器裝備建設取得重大進展。實施人才強軍戰略，確立新時代軍事教育方針，明確軍隊好幹部標準，推動構建三位一體新型軍事人才培養體系，培養有靈魂、有本事、有血性、有品德的新時代革命軍人，鍛造具有鐵一般信仰、鐵一般信念、鐵一般紀律、鐵一般擔當的過硬部隊。貫徹依法治軍戰略，構建中國特色軍事法治體系，加快治軍方式根本性轉變。推進軍人榮譽體系建設。

黨提出新時代人民軍隊使命任務，創新軍事戰略指導，調整優化軍事戰略佈局，強化人民軍隊塑造態勢、管控危機、遏制戰爭、打贏戰爭的戰略功能。人民軍隊緊緊扭住戰鬥力這個唯一的根本的標準，扭住能打仗、打勝仗這個根本指向，壯大戰略力量和新域新質作戰力量，加強聯合作戰指揮體系和能力建設，大力糾治"和平積弊"，大抓實戰化軍事訓練，建設強大穩固的現代邊海空防，堅定靈活開展軍事鬥爭，有效應對外部軍事挑釁，震懾"台獨"分裂行徑，遂行邊防鬥爭、海上維權、反恐維穩、搶險救災、抗擊疫情、維和護航、人道主義救援和國際軍事合作等重大任務。

　　黨的十八大以來，在黨的堅強領導下，人民軍隊實現整體性革命性重塑、重整行裝再出發，國防實力和經濟實力同步提升，一體化國家戰略體系和能力加快構建，建立健全退役軍人管理保障體制，國防動員更加高效，軍政軍民團結更加鞏固。人民軍隊堅決履行新時代使命任務，以頑強鬥爭精神和實際行動捍衛了國家主權、安全、發展利益。

（十一）在維護國家安全上

　　改革開放以後，黨高度重視正確處理改革發展穩定關係，把維護國家安全和社會安定作為黨和國家的一項基礎性工作來抓，為改革開放和社會主義現代化建設營造了良好安全環境。進入新時代，我國面臨更為嚴峻的國家安全形勢，外部壓力前所未有，傳統安全威脅和非傳統安全威脅相互交織，"黑天鵝"、"灰犀牛"事件時有發生。同形勢任務要求相比，我國維護國家安全能力不足，應對各種重大風險能力不強，維護國家安全的統籌協調機制不健全。黨中央強調，國泰民安是人民群眾最基本、最普遍的願望。必須堅持底綫思維、居安思危、未雨綢繆，堅持國家利益至上，以人民安全為宗旨，以政治安全為根本，以經濟安全為基礎，以軍事、科技、文化、社會安全為保障，以促進國際安全為依託，統籌發展和安全，統籌開放和安全，統籌傳統安全和非傳統安全，統籌自身安全和共同安全，統籌維護國家安全和塑造國家安全。

習近平同志強調保證國家安全是頭等大事，提出總體國家安全觀，涵蓋政治、軍事、國土、經濟、文化、社會、科技、網絡、生態、資源、核、海外利益、太空、深海、極地、生物等諸多領域，要求全黨增強鬥爭精神、提高鬥爭本領，落實防範化解各種風險的領導責任和工作責任。黨中央深刻認識到，面對來自外部的各種圍堵、打壓、搞亂、顛覆活動，必須發揚不信邪、不怕鬼的精神，同企圖顛覆中國共產黨領導和我國社會主義制度、企圖遲滯甚至阻斷中華民族偉大復興進程的一切勢力鬥爭到底，一味退讓只能換來得寸進尺的霸凌，委曲求全只能招致更為屈辱的境況。

黨著力推進國家安全體系和能力建設，設立中央國家安全委員會，完善集中統一、高效權威的國家安全領導體制，完善國家安全法治體系、戰略體系和政策體系，建立國家安全工作協調機制和應急管理機制。黨把安全發展貫穿國家發展各領域全過程，注重防範化解影響我國現代化進程的重大風險，堅定維護國家政權安全、制度安全、意識形態安全，加強國家安全宣傳教育和全民國防教育，鞏固國家安全人民防綫，推進興邊富民、穩邊固邊，嚴密防範和嚴厲打擊敵對勢力滲透、破壞、顛覆、分裂活動，頂住和反擊外部極端打壓遏制，開展涉港、涉台、涉疆、涉藏、涉海等鬥爭，加快建設海洋強國，有效維護國家安全。

黨的十八大以來，國家安全得到全面加強，經受住了來自政治、經濟、意識形態、自然界等方面的風險挑戰考驗，為黨和國家興旺發達、長治久安提供了有力保證。

（十二）在堅持"一國兩制"和推進祖國統一上

香港、澳門回歸祖國後，重新納入國家治理體系，走上了同祖國內地優勢互補、共同發展的寬廣道路，"一國兩制"實踐取得舉世公認的成功。同時，一個時期，受各種內外複雜因素影響，"反中亂港"活動猖獗，香港局勢一度出現嚴峻局面。黨中央強調，必須全面準確、堅定不移貫徹"一國兩制"方針，堅持和完善"一國兩制"制度體系，堅持依法治港治澳，維護憲法和基本法確定的特別行政區憲制秩序，落實中央對特別行政區全面管治權，堅定落實"愛國者治港"、"愛國者治澳"。

黨中央審時度勢，作出健全中央依照憲法和基本法對特別行政區行使全面管治權、完善特別行政區同憲法和基本法實施相關制度機制的重大決策，推動建立健全特別行政區維護國家安全的法律制度和執行機制、制定《中華人民共和國香港特別行政區維護國家安全法》、完善香港特別行政區選舉制度，落實"愛國者治港"原則，支持特別行政區完善公職人員宣誓制度。中央人民政府依法設立駐香港特別行政區維護國家安全公署，香港特別行政區依法設立維護國家安全委員會。中央堅定支持香港特別行政區依法止暴制亂、恢復秩序，支持行政長官和特別行政區政府依法施政，堅決防範和遏制外部勢力干預港澳事務，嚴厲打擊分裂、顛覆、滲透、破壞活動。全面支持香港、澳門更好融入國家發展大局，高質量建設粵港澳大灣區，支持港澳發展經濟、改善民生，增強港澳同胞國家意識和愛國精神。這一系列標本兼治的舉措，推動香港局勢實現由亂到治的重大轉折，為推進依法治港治澳、促進"一國兩制"實踐行穩致遠打下了堅實基礎。

解決台灣問題、實現祖國完全統一，是黨矢志不渝的歷史任務，是全體中華兒女的共同願望，是實現中華民族偉大復興的必然要求。黨把握兩岸關係時代變化，豐富和發展國家統一理論和對台方針政策，推動兩岸關係朝著正確方向發展。習近平同志就對台工作提出一系列重要理念、重大政策主張，形成新時代黨解決台灣問題的總體方略。我們推動實現一九四九年以來兩岸領導人首次會晤、兩岸領導人直接對話溝通。黨秉持"兩岸一家親"理念，推動兩岸關係和平發展，出台一系列惠及廣大台胞的政策，加強兩岸經濟文化交流合作。二〇一六年以來，台灣當局加緊進行"台獨"分裂活動，致使兩岸關係和平發展勢頭受到嚴重衝擊。我們堅持一個中國原則和"九二共識"，堅決反對"台獨"分裂行徑，堅決反對外部勢力干涉，牢牢把握兩岸關係主導權和主動權。祖國完全統一的時和勢始終在我們這一邊。

實踐證明，有中國共產黨的堅強領導，有偉大祖國的堅強支撐，有全國各族人民包括香港特別行政區同胞、澳門特別行政區同胞和台灣同胞的同心協力，香港、澳門長期繁榮穩定一定能夠保持，祖國完全統一一定能夠實現。

（十三）在外交工作上

改革開放以後，黨堅持獨立自主的和平外交政策，為我國發展營造了良好外部環境，為人類進步事業作出重大貢獻。進入新時代，國際力量對比深刻調整，單邊主義、保護主義、霸權主義、強權政治對世界和平與發展威脅上升，逆全球化思潮上升，世界進入動盪變革期。黨中央強調，面對複雜嚴峻的國際形勢和前所未有的外部風險挑戰，必須統籌國內國際兩個大局，健全黨對外事工作領導體制機制，加強對外工作頂層設計，對中國特色大國外交作出戰略謀劃，推動建設新型國際關係，推動構建人類命運共同體，弘揚和平、發展、公平、正義、民主、自由的全人類共同價值，引領人類進步潮流。

黨把握新時代外交工作大局，緊扣服務民族復興、促進人類進步這條主綫，高舉和平、發展、合作、共贏的旗幟，推進和完善全方位、多層次、立體化的外交佈局，積極發展全球夥伴關係。我們運籌大國關係，推進大國協調和合作。按照親誠惠容理念和與鄰為善、以鄰為伴的周邊外交方針深化同周邊國家關係，穩定周邊戰略依託，打造周邊命運共同體。秉持正確義利觀和真實親誠理念加強同廣大發展中國家團結合作，整體合作機制實現全覆蓋。黨同世界上五百多個政黨和政治組織保持經常性聯繫，深化政黨交流合作。適應"走出去"日益擴大的新形勢，不斷完善海外利益保護體系，有力應對了一系列海外利益風險挑戰。

我國積極參與全球治理體系改革和建設，維護以聯合國為核心的國際體系、以國際法為基礎的國際秩序、以聯合國憲章宗旨和原則為基礎的國際關係基本準則，維護和踐行真正的多邊主義，堅決反對單邊主義、保護主義、霸權主義、強權政治，積極推動經濟全球化朝著更加開放、包容、普惠、平衡、共贏的方向發展。我國建設性參與國際和地區熱點問題政治解決，在氣候變化、減貧、反恐、網絡安全和維護地區安全等領域發揮積極作用。我國開展抗擊新冠肺炎疫情國際合作，發起新中國成立以來最大規模的全球緊急人道主義行動，向眾多國家特別是發展中國家提供物資援助、醫療支持、疫苗援助和合作，展現負責任大國形象。

經過持續努力，中國特色大國外交全面推進，構建人類命運共同體成為引領時代潮流和人類前進方向的鮮明旗幟，我國外交在世界大變局中開創新局、在世界亂局中化危為機，我國國際影響力、感召力、塑造力顯著提升。

總之，黨的十八大以來，以習近平同志為核心的黨中央領導全黨全軍全國各族人民砥礪前行，全面建成小康社會目標如期實現，黨和國家事業取得歷史性成就、發生歷史性變革，彰顯了中國特色社會主義的強大生機活力，黨心軍心民心空前凝聚振奮，為實現中華民族偉大復興提供了更為完善的制度保證、更為堅實的物質基礎、更為主動的精神力量。中國共產黨和中國人民以英勇頑強的奮鬥向世界莊嚴宣告，中華民族迎來了從站起來、富起來到強起來的偉大飛躍。

五、中國共產黨百年奮鬥的歷史意義

一百年來，黨始終踐行初心使命，團結帶領全國各族人民繪就了人類發展史上的壯美畫卷，中華民族偉大復興展現出前所未有的光明前景。

（一）黨的百年奮鬥從根本上改變了中國人民的前途命運。近代以後，中國人民深受三座大山壓迫，被西方列強辱為"東亞病夫"。一百年來，黨領導人民經過波瀾壯闊的偉大鬥爭，中國人民徹底擺脫了被欺負、被壓迫、被奴役的命運，成為國家、社會和自己命運的主人，人民民主不斷發展，十四億多人口實現全面小康，中國人民對美好生活的嚮往不斷變為現實。今天，中國人民更加自信、自立、自強，極大增強了志氣、骨氣、底氣，在歷史進程中積累的強大能量充分爆發出來，煥發出前所未有的歷史主動精神、歷史創造精神，正在信心百倍書寫著新時代中國發展的偉大歷史。

（二）黨的百年奮鬥開闢了實現中華民族偉大復興的正確道路。近代以後，創造了燦爛文明的中華民族遭遇到文明難以賡續的深重危機，呈現在世界面前的是一派衰敗凋零的景象。一百年來，黨領導人民不懈奮鬥、不斷進取，成功開闢了實現中華民族偉大復興的正確道路。中國從四分五裂、一盤散沙到高度統一、民族團結，從積貧積弱、一窮二白到全面小康、繁榮富強，從被動挨打、飽受欺凌到獨立自主、堅定自信，僅用幾十年時間就走完發達國家幾百年走過的工業化歷程，創造了經濟快速發展和社會長期穩定兩大奇跡。今天，中華民族向世界展現的是一派欣欣向榮的氣象，巍然屹立於世界東方。

（三）黨的百年奮鬥展示了馬克思主義的強大生命力。馬克思主義揭示了人類社會發展規律，是認識世界、改造世界的科學真理。同時，堅持和發展馬克思主義，從理論到實踐都需要全世界的馬克思主義者進行極為艱巨、極具挑戰性的努力。一百年來，黨堅持把馬克思主義寫在自己的旗幟上，不斷推進馬克思主義中國化時代化，用博大胸懷吸收人類創造的一切優秀文明成果，用馬克思主義中國化的科學理論引領偉大實踐。馬克思主義的科學性和真理性在中國得到充分檢驗，馬克思主義的人民性和實踐性在中國得到充分貫徹，馬克思主義的開放性和時代性在中國得到充分彰顯。馬克思主義中國化時代化不斷取得成功，使馬克思主義以嶄新形象展現在世界上，使世界範圍內社會主義和資本主義兩種意識形態、兩種社會制度的歷史演進及其較量發生了有利於社會主義的重大轉變。

（四）黨的百年奮鬥深刻影響了世界歷史進程。黨和人民事業是人類進步事業的重要組成部分。一百年來，黨既為中國人民謀幸福、為中華民族謀復興，也為人類謀進步、為世界謀大同，以自強不息的奮鬥深刻改變了世界發展的趨勢和格局。黨領導人民成功走出中國式現代化道路，創造了人類文明新形態，拓展了發展中國家走向現代化的途徑，給世界上那些既希望加快發展又希望保持自身獨立性的國家和民族提供了全新選擇。黨推動構建人類命運共同體，為解決人類重大問題，建設持久和平、普遍安全、共同繁榮、開放包容、清潔美麗的世界貢獻了中國智慧、中國方案、中國力量，成為推動人類發展進步的重要力量。

（五）黨的百年奮鬥鍛造了走在時代前列的中國共產黨。黨成立時只有五十多名黨員，今天已成為擁有九千五百多萬名黨員、領導著十四億多人口大國、具有重大全球影響力的世界第一大執政黨。一百年來，黨堅持性質宗旨，堅持理想信念，堅守初心使命，勇於自我革命，在生死鬥爭和艱苦奮鬥中經受住各種風險考驗、付出巨大犧牲，錘煉出鮮明政治品格，形成了以偉大建黨精神為源頭的精神譜系，保持了黨的先進性和純潔性，黨的執政能力和領導水平不斷提高，正領導中國人民在中國特色社會主義道路上不可逆轉地走向中華民族偉大復興，無愧為偉大光榮正確的黨。

六、中國共產黨百年奮鬥的歷史經驗

　　一百年來，黨領導人民進行偉大奮鬥，在進取中突破，於挫折中奮起，從總結中提高，積累了寶貴的歷史經驗。

　　（一）堅持黨的領導。中國共產黨是領導我們事業的核心力量。中國人民和中華民族之所以能夠扭轉近代以後的歷史命運、取得今天的偉大成就，最根本的是有中國共產黨的堅強領導。歷史和現實都證明，沒有中國共產黨，就沒有新中國，就沒有中華民族偉大復興。治理好我們這個世界上最大的政黨和人口最多的國家，必須堅持黨的全面領導特別是黨中央集中統一領導，堅持民主集中制，確保黨始終總攬全局、協調各方。只要我們堅持黨的全面領導不動搖，堅決維護黨的核心和黨中央權威，充分發揮黨的領導政治優勢，把黨的領導落實到黨和國家事業各領域各方面各環節，就一定能夠確保全黨全軍全國各族人民團結一致向前進。

　　（二）堅持人民至上。黨的根基在人民、血脈在人民、力量在人民，人民是黨執政興國的最大底氣。民心是最大的政治，正義是最強的力量。黨的最大政治優勢是密切聯繫群眾，黨執政後的最大危險是脫離群眾。黨代表中國最廣大人民根本利益，沒有任何自己特殊的利益，從來不代表任何利益集團、任何權勢團體、任何特權階層的利益，這是黨立於不敗之地的根本所在。只要我們始終堅持全心全意為人民服務的根本宗旨，堅持黨的群眾路綫，始終牢記江山就是人民、人民就是江山，堅持一切為了人民、一切依靠人民，堅持為人民執政、靠人民執政，堅持發展為了人民、發展依靠人民、發展成果由人民共享，堅定不移走全體人民共同富裕道路，就一定能夠領導人民奪取中國特色社會主義新的更大勝利，任何想把中國共產黨同中國人民分割開來、對立起來的企圖就永遠不會得逞。

（三）堅持理論創新。馬克思主義是我們立黨立國、興黨強國的根本指導思想。馬克思主義理論不是教條而是行動指南，必須隨著實踐發展而發展，必須中國化才能落地生根、本土化才能深入人心。黨之所以能夠領導人民在一次次求索、一次次挫折、一次次開拓中完成中國其他各種政治力量不可能完成的艱巨任務，根本在於堅持解放思想、實事求是、與時俱進、求真務實，堅持把馬克思主義基本原理同中國具體實際相結合、同中華優秀傳統文化相結合，堅持實踐是檢驗真理的唯一標準，堅持一切從實際出發，及時回答時代之問、人民之問，不斷推進馬克思主義中國化時代化。習近平同志指出，當代中國的偉大社會變革，不是簡單延續我國歷史文化的母版，不是簡單套用馬克思主義經典作家設想的模板，不是其他國家社會主義實踐的再版，也不是國外現代化發展的翻版。只要我們勇於結合新的實踐不斷推進理論創新、善於用新的理論指導新的實踐，就一定能夠讓馬克思主義在中國大地上展現出更強大、更有說服力的真理力量。

（四）堅持獨立自主。獨立自主是中華民族精神之魂，是我們立黨立國的重要原則。走自己的路，是黨百年奮鬥得出的歷史結論。黨歷來堅持獨立自主開拓前進道路，堅持把國家和民族發展放在自己力量的基點上，堅持中國的事情必須由中國人民自己作主張、自己來處理。人類歷史上沒有一個民族、一個國家可以通過依賴外部力量、照搬外國模式、跟在他人後面亦步亦趨實現強大和振興。那樣做的結果，不是必然遭遇失敗，就是必然成為他人的附庸。只要我們堅持獨立自主、自力更生，既虛心學習借鑒國外的有益經驗，又堅定民族自尊心和自信心，不信邪、不怕壓，就一定能夠把中國發展進步的命運始終牢牢掌握在自己手中。

（五）堅持中國道路。方向決定道路，道路決定命運。

黨在百年奮鬥中始終堅持從我國國情出發，探索並形成符合中國實際的正確道路。中國特色社會主義道路是創造人民美好生活、實現中華民族偉大復興的康莊大道。腳踏中華大地，傳承中華文明，走符合中國國情的正確道路，黨和人民就具有無比廣闊的舞台，具有無比深厚的歷史底蘊，具有無比強大的前進定力。只要我們既不走封閉僵化的老路，也不走改旗易幟的邪路，堅定不移走中國特色社會主義道路，就一定能夠把我國建設成為富強民主文明和諧美麗的社會主義現代化強國。

（六）堅持胸懷天下。大道之行，天下為公。黨始終以世界眼光關注人類前途命運，從人類發展大潮流、世界變化大格局、中國發展大歷史正確認識和處理同外部世界的關係，堅持開放、不搞封閉，堅持互利共贏、不搞零和博弈，堅持主持公道、伸張正義，站在歷史正確的一邊，站在人類進步的一邊。只要我們堅持和平發展道路，既通過維護世界和平發展自己，又通過自身發展維護世界和平，同世界上一切進步力量攜手前進，不依附別人，不掠奪別人，永遠不稱霸，就一定能夠不斷為人類文明進步貢獻智慧和力量，同世界各國人民一道，推動歷史車輪向著光明的前途前進。

（七）堅持開拓創新。創新是一個國家、一個民族發展進步的不竭動力。越是偉大的事業，越充滿艱難險阻，越需要艱苦奮鬥，越需要開拓創新。黨領導人民披荊斬棘、上下求索、奮力開拓、銳意進取，不斷推進理論創新、實踐創新、制度創新、文化創新以及其他各方面創新，敢為天下先，走出了前人沒有走出的路，任何艱難險阻都沒能阻擋住黨和人民前進的步伐。只要我們順應時代潮流，回應人民要求，勇於推進改革，準確識變、科學應變、主動求變，永不僵化、永不停滯，就一定能夠創造出更多令人刮目相看的人間奇跡。

（八）堅持敢於鬥爭。敢於鬥爭、敢於勝利，是黨和人民不可戰勝的強大精神力量。黨和人民取得的一切成就，不是天上掉下來的，不是別人恩賜的，而是通過不斷鬥爭取得的。黨在內憂外患中誕生、在歷經磨難中成長、在攻堅克難中壯大，為了人民、國家、民族，為了理想信念，無論敵人如何強大、道路如何艱險、挑戰如何嚴峻，黨總是絕不畏懼、絕不退縮，不怕犧牲、百折不撓。只要我們把握新的偉大鬥爭的歷史特點，抓住和用好歷史機遇，下好先手棋、打好主動仗，發揚鬥爭精神，增強鬥爭本領，凝聚起全黨全國人民的意志和力量，就一定能夠戰勝一切可以預見和難以預見的風險挑戰。

（九）堅持統一戰綫。團結就是力量。建立最廣泛的統一戰綫，是黨克敵制勝的重要法寶，也是黨執政興國的重要法寶。黨始終堅持大團結大聯合，團結一切可以團結的力量，調動一切可以調動的積極因素，促進政黨關係、民族關係、宗教關係、階層關係、海內外同胞關係和諧，最大限度凝聚起共同奮鬥的力量。只要我們不斷鞏固和發展各民族大團結、全國人民大團結、全體中華兒女大團結，鑄牢中華民族共同體意識，形成海內外全體中華兒女心往一處想、勁往一處使的生動局面，就一定能夠匯聚起實現中華民族偉大復興的磅礴偉力。

（十）堅持自我革命。勇於自我革命是中國共產黨區別於其他政黨的顯著標誌。自我革命精神是黨永葆青春活力的強大支撐。先進的馬克思主義政黨不是天生的，而是在不斷自我革命中淬煉而成的。黨歷經百年滄桑更加充滿活力，其奧秘就在於始終堅持真理、修正錯誤。黨的偉大不在於不犯錯誤，而在於從不諱疾忌醫，積極開展批評和自我批評，敢於直面問題，勇於自我革命。只要我們不斷清除一切損害黨的先進性和純潔性的因素，不斷清除一切侵蝕黨的健康肌體的病毒，就一定能夠確保黨不變質、不變色、不變味，確保黨在新時代堅持和發展中國特色社會主義的歷史進程中始終成為堅強領導核心。

以上十個方面，是經過長期實踐積累的寶貴經驗，是黨和人民共同創造的精神財富，必須倍加珍惜、長期堅持，並在新時代實踐中不斷豐富和發展。

七、新時代的中國共產黨

不忘初心，方得始終。中國共產黨立志於中華民族千秋偉業，百年恰是風華正茂。過去一百年，黨向人民、向歷史交出了一份優異的答卷。現在，黨團結帶領中國人民又踏上了實現第二個百年奮鬥目標新的趕考之路。時代是出卷人，我們是答卷人，人民是閱卷人。我們一定要繼續考出好成績，在新時代新征程上展現新氣象新作為。

黨的十九大對實現第二個百年奮鬥目標作出分兩個階段推進的戰略安排。從二〇二〇年到二〇三五年基本實現社會主義現代化，從二〇三五年到本世紀中葉把我國建成社會主義現代化強國。到那時，我國物質文明、政治文明、精神文明、社會文明、生態文明將全面提升，實現國家治理體系和治理能力現代化，成為綜合國力和國際影響力領先的國家，全體人民共同富裕基本實現，我國人民將享有更加幸福安康的生活，中華民族將以更加昂揚的姿態屹立於世界民族之林。

今天，我們比歷史上任何時期都更接近、更有信心和能力實現中華民族偉大復興的目標。同時，全黨必須清醒認識到，中華民族偉大復興絕不是輕輕鬆鬆、敲鑼打鼓就能實現的，前進道路上仍然存在可以預料和難以預料的各種風險挑戰；必須清醒認識到，我國仍處於並將長期處於社會主義初級階段，我國仍然是世界最大的發展中國家，社會主要矛盾是人民日益增長的美好生活需要和不平衡不充分的發展之間的矛盾。全黨要牢記中國共產黨是什麼、要幹什麼這個根本問題，把握歷史發展大勢，堅定理想信念，牢記初心使命，始終謙虛謹慎、不驕不躁、艱苦奮鬥，從偉大勝利中激發奮進力量，從彎路挫折中吸取歷史教訓，不為任何風險所懼，不為任何干擾所惑，決不在根本性問題上出現顛覆性錯誤，以咬定青山不放鬆的執著奮力實現既定目標，以行百里者半九十的清醒不懈推進中華民族偉大復興。

全黨必須堅持馬克思列寧主義、毛澤東思想、鄧小平理論、"三個代表"重要思想、科學發展觀，全面貫徹習近平新時代中國特色社會主義思想，用馬克思主義的立場、觀點、方法觀察時代、把握時代、引領時代，不斷深化對共產黨執政規律、社會主義建設規律、人類社會發展規律的認識。必須堅持黨的基本理論、基本路綫、基本方略，增強"四個意識"，堅定"四個自信"，做到"兩個維護"，堅持系統觀念，統籌推進"五位一體"總體佈局，協調推進"四個全面"戰略佈局，立足新發展階段、貫徹新發展理念、構建新發展格局、推動高質量發展，全面深化改革開放，促進共同富裕，推進科技自立自強，發展全過程人民民主，保證人民當家作主，堅持全面依法治國，堅持社會主義核心價值體系，堅持在發展中保障和改善民生，堅持人與自然和諧共生，統籌發展和安全，加快國防和軍隊現代化，協同推進人民富裕、國家強盛、中國美麗。

全黨必須永遠保持同人民群眾的血肉聯繫，站穩人民立場，堅持人民主體地位，尊重人民首創精神，踐行以人民為中心的發展思想，維護社會公平正義，著力解決發展不平衡不充分問題和人民群眾急難愁盼問題，不斷實現好、維護好、發展好最廣大人民根本利益，團結帶領全國各族人民不斷為美好生活而奮鬥。

全黨必須銘記生於憂患、死於安樂，常懷遠慮、居安思危，繼續推進新時代黨的建設新的偉大工程，堅持全面從嚴治黨，堅定不移推進黨風廉政建設和反腐敗鬥爭，勇敢面對黨面臨的長期執政考驗、改革開放考驗、市場經濟考驗、外部環境考驗，堅決戰勝精神懈怠的危險、能力不足的危險、脫離群眾的危險、消極腐敗的危險。必須保持越是艱險越向前的英雄氣概，敢於鬥爭、善於鬥爭，逢山開道、遇水架橋，做到難不住、壓不垮，推動中國特色社會主義事業航船劈波斬浪、一往無前。

黨和人民事業發展需要一代代中國共產黨人接續奮鬥，必須抓好後繼有人這個根本大計。要堅持用習近平新時代中國特色社會主義思想教育人，用黨的理想信念凝聚人，用社會主義核心價值觀培育人，用中華民族偉大復興歷史使命激勵人，培養造就大批堪當時代重任的接班人。要源源不斷培養選拔德才兼備、忠誠乾淨擔當的高素質專業化幹部特別是優秀年輕幹部，教育引導廣大黨員、幹部自覺做習近平新時代中國特色社會主義思想的堅定信仰者和忠實實踐者，牢記空談誤國、實幹興邦的道理，樹立不負人民的家國情懷、追求崇高的思想境界、增強過硬的擔當本領。要源源不斷把各方面先進分子特別是優秀青年吸收到黨內來，教育引導青年黨員永遠以黨的旗幟為旗幟、以黨的方向為方向、以黨的意志為意志，賡續黨的紅色血脈，弘揚黨的優良傳統，在鬥爭中經風雨、見世面、壯筋骨、長才幹。要源源不斷培養造就愛國奉獻、勇於創新的優秀人才，真心愛才、悉心育才、精心用才，把各方面優秀人才集聚到黨和人民的偉大奮鬥中來。

黨中央號召，全黨全軍全國各族人民要更加緊密地團結在以習近平同志為核心的黨中央周圍，全面貫徹習近平新時代中國特色社會主義思想，大力弘揚偉大建黨精神，勿忘昨天的苦難輝煌，無愧今天的使命擔當，不負明天的偉大夢想，以史為鑒、開創未來，埋頭苦幹、勇毅前行，為實現第二個百年奮鬥目標、實現中華民族偉大復興的中國夢而不懈奮鬥。我們堅信，在過去一百年贏得了偉大勝利和榮光的中國共產黨和中國人民，必將在新時代新征程上贏得更加偉大的勝利和榮光！

關於《中共中央關於
黨的百年奮鬥重大成就和
歷史經驗的決議》的説明

習近平

受中央政治局委託，我就《中共中央關於黨的百年奮鬥重大成就和歷史經驗的決議》起草的有關情況向全會作說明。

一、關於黨的十九屆六中全會議題的考慮

我們黨歷來高度注重總結歷史經驗。早在延安時期，毛澤東同志就指出："如果不把黨的歷史搞清楚，不把黨在歷史上所走的路搞清楚，便不能把事情辦得更好。"在爭取抗日戰爭最後勝利的關頭，1945 年，黨的六屆七中全會通過了《關於若干歷史問題的決議》，對建黨以後特別是黨的六屆四中全會至遵義會議前這一段黨的歷史及其經驗教訓進行了總結，對若干重大歷史問題作出了結論，使全黨特別是黨的高級幹部對中國革命基本問題的認識達到

了一致，增強了全黨團結，為黨的七大勝利召開創造了充分條件，有力促進了中國革命事業發展。

進入改革開放新時期，鄧小平同志說："歷史上成功的經驗是寶貴財富，錯誤的經驗、失敗的經驗也是寶貴財富。這樣來制定方針政策，就能統一全黨思想，達到新的團結。這樣的基礎是最可靠的。"1981年，黨的十一屆六中全會通過了《關於建國以來黨的若干歷史問題的決議》，回顧了新中國成立以前黨的歷史，總結了社會主義革命和建設的歷史經驗，對一些重大事件和重要人物作出了評價，特別是正確評價了毛澤東同志和毛澤東思想，分清了是非，糾正了"左"右兩方面的錯誤觀點，統一了全黨思想，對推動黨團結一致向前看、更好推進改革開放和社會主義現代化建設產生了重大影響。

現在，距離第一個歷史決議制定已經過去了76年，距離第二個歷史決議制定也過去了40年。40年來，黨和國家事業大大向前發展了，黨的理論和實踐也大大向前發展了。站在新的歷史起點上，回顧過去，展望未來，全面總結黨的百年奮鬥重大成就和歷史經驗特別是改革開放40多年來的重大成就和歷史經驗，既有客觀需要，也具備主觀條件。

黨中央認為，在黨成立一百週年的重要歷史時刻，在黨和人民勝利實現第一個百年奮鬥目標、全面建成小康社會，正在向著全面建成社會主義現代化強國的第二個百年奮鬥目標邁進的重大歷史關頭，全面總結黨的百年奮鬥重大成就和歷史經驗，對推動全黨進一步統一思想、統一意志、統一行動，團結帶領全國各族人民奪取新時代中國特色社會主義新的偉大勝利，具有重大現實意義和深遠歷史意義。

黨中央認為，黨的百年奮鬥歷程波瀾壯闊，時間跨度長，涉及範圍廣，需要研究的問題多。總的是要按照總結歷史、把握規律、堅定信心、走向未來的要求，把黨走過的光輝歷程總結好，把黨團結帶領人民取得的輝煌成就總結好，把黨推進革命、建設、改革的寶貴經驗總結好，把黨的十八大以來黨和國家事業砥礪奮進的理論和實踐總結好。具體來說，就是要深入研究黨領導人民進行革命、建設、改革的百年歷程，全面總結黨從勝利走向勝利的偉大歷史進程、為國家和民族建立的偉大歷史功績；深入研究黨堅持把馬克思主義基本原理同中國具體實際相結合、同中華優秀傳統文化相結合，不斷推進馬克思主義中國化的百年歷程，深化對新時代黨的創新理論的理解和掌握；深入研究黨不斷維護黨的團結、維護黨中央權威和集中統一領導的百年歷程，深刻領悟加強黨的政治建設這個馬克思主義政黨的鮮明特徵和政治優勢；深入研究黨為中國人民謀幸福、為中華民族謀復興的百年歷程，深刻認識黨同人民生死相依、休戚與共的血肉聯繫，更好為人民謀幸福、依靠人民創造歷史偉業；深入研究黨加強自身建設、推進自我革命的百年歷程，增強全面從嚴治黨永遠在路上的堅定和執著，確保黨在新時代堅持和發展中國特色社會主義的歷史進程中始終成為堅強領導核心；深入研究歷史發展規律和大勢，始終掌握新時代新征程黨和國家事業發展的歷史主動，增強錨定既定奮鬥目標、意氣風發走向未來的勇氣和力量。

黨中央認為，總結黨的百年奮鬥重大成就和歷史經驗，要堅持辯證唯物主義和歷史唯物主義的方法論，用具體歷史的、客觀全面的、聯繫發展的觀點來看待黨的歷史。要堅持正確黨史觀、樹立大歷史觀，準確把握黨的歷史發展的主題主綫、主流本質，正確對待黨在前進道路上經歷的失誤和曲折，從成功中吸取經驗，從失誤中吸取教訓，不斷開闢走向勝利的道路。要旗幟鮮明反對歷史虛無主義，加強思想引導和理論辨析，澄清對黨史上一些重大歷史問題的模糊認識和片面理解，更好正本清源。

對這次全會決議起草，黨中央明確要求著重把握好以下幾點。

第一，聚焦總結黨的百年奮鬥重大成就和歷史經驗。我們黨已先後制定了兩個歷史決議。從建黨到改革開放之初，黨的歷史上的重大是非問題，這兩個歷史決議基本都解決了，其基本論述和結論至今仍然適用。改革開放以來，儘管黨的工作中也出現過一些問題，但總體上講黨和國家事業發展是順利的，前進方向是正確的，取得的成就是舉世矚目的。基於此，這次全會決議要把著力點放在總結黨的百年奮鬥重大成就和歷史經驗上，以推動全黨增長智慧、增進團結、增加信心、增強鬥志。

　　第二，突出中國特色社會主義新時代這個重點。這次全會決議重點總結新時代黨和國家事業取得的歷史性成就、發生的歷史性變革和積累的新鮮經驗，主要考慮是，對黨在新民主主義革命時期、社會主義革命和建設時期、黨的十一屆三中全會到黨的十一屆六中全會期間的歷史，前兩個歷史決議已經作過系統總結；對改革開放和社會主義現代化建設新時期的成就和經驗，黨的十一屆三中全會召開二十週年、三十週年時黨中央都進行了認真總結，我在慶祝改革開放四十週年大會上發表講話，也作了系統總結。因此，對黨的十八大之前的歷史時期，這次全會決議要在已有總結和結論的基礎上進行概述。突出中國特色社會主義新時代這個重點，有利於引導全黨進一步堅定信心，聚焦我們正在做的事情，以更加昂揚的姿態邁進新征程、建功新時代。

第三，對重大事件、重要會議、重要人物的評價注重同黨中央已有結論相銜接。關於黨的十八大之前黨的歷史上的重大事件、重要會議、重要人物，前兩個歷史決議、黨的一系列重要文獻都有過大量論述，都鄭重作過結論。這次全會決議堅持這些基本論述和結論。黨的十八大以來，我在慶祝中國共產黨成立九十五週年大會、慶祝中國人民解放軍建軍九十週年大會、慶祝中華人民共和國成立七十週年大會特別是慶祝中國共產黨成立一百週年大會等重要會議上，對黨的歷史都作過總結和論述，體現了黨中央對黨的百年奮鬥的新認識。這次全會決議要體現這些新認識。

二、決議稿起草過程

今年 3 月，中央政治局決定，黨的十九屆六中全會重點研究全面總結黨的百年奮鬥重大成就和歷史經驗問題，成立文件起草組，由我擔任組長，王滬寧、趙樂際同志擔任副組長，黨和國家有關領導同志及有關中央部門和地方負責同志參加，在中央政治局常委會領導下承擔文件起草工作。

　4月1日，黨中央發出《關於對黨的十九屆六中全會重點研究全面總結黨的重大成就和歷史經驗問題徵求意見的通知》，在黨內外一定範圍徵求意見。

　從反饋意見看，各地區各部門各方面一致認為，黨中央決定通過召開十九屆六中全會，全面總結黨的百年奮鬥重大成就和歷史經驗，是鄭重的歷史性、戰略性決策，充分體現黨牢記初心使命、永葆生機活力的堅強意志和堅定決心，充分體現黨深刻把握歷史發展規律、始終掌握黨和國家事業發展的歷史主動和使命擔當，充分體現黨立足當下、著眼未來、注重總結和運用歷史經驗的高瞻遠矚和深謀遠慮。一致贊成這次全會著重總結黨的百年奮鬥重大成就和歷史經驗，並就決議需要研究解決的重大問題提出了許多好的意見和建議。

　各地區各部門各方面普遍認為，一百年來，黨團結帶領人民在革命、建設、改革各個歷史時期持續奮鬥，創造了彪炳中華民族發展史、世界社會主義發展史、人類社會發展史的奇跡，徹底扭轉了近代以來中華民族的歷史進程，生動譜寫了世界社會主義歷史發展的壯麗篇章，成功開闢了馬克思主義新境界，為實現中華民族偉大復興建立了不朽功業，為促進人類進步作出了重大貢獻。在這一偉大征程中，黨和人民積累了極其豐富的寶貴歷史經驗。這些都值得系統總結。各地區各部門各方面建議，這次全會在全面總結黨的百年奮鬥重大成就和歷史經驗的基礎上，重點總結新時代黨和國家事業取得的歷史性成就、發生的歷史性變革及新鮮經驗。

按照黨中央部署，文件起草組認真學習黨的重要歷史文獻，充分吸納各地區各部門各方面意見和建議，深入研究重大問題，認真開展決議稿起草工作。

9月6日，根據中央政治局會議決定，決議徵求意見稿下發黨內一定範圍徵求意見，包括徵求黨內部分老同志意見，還專門聽取了各民主黨派中央、全國工商聯負責人和無黨派人士代表意見。

從反饋意見情況看，各地區各部門各方面對決議徵求意見稿給予充分肯定，一致贊成決議稿的框架結構和主要內容。一致認為，決議稿最鮮明的特點是實事求是、尊重歷史，反映了黨的百年奮鬥的初心使命，符合歷史事實；決議稿對重大事件、重要會議、重要人物的論述和評價，同黨的歷史文獻既有論述和結論相銜接，體現了黨的十八大以來黨中央關於黨的歷史的新認識。決議稿總結概括的"中國共產黨百年奮鬥的歷史意義"，全面、深刻、系統反映了黨對中國、對人類作出的歷史性貢獻；總結概括的

"中國共產黨百年奮鬥的歷史經驗"，貫通歷史、現在、未來，具有重大的歷史意義和現實指導意義。

各地區各部門各方面普遍認為，決議稿是新時代中國共產黨人牢記初心使命、堅持和發展中國特色社會主義的政治宣言，是以史為鑒、開創未來、實現中華民族偉大復興的行動指南，同黨的前兩個歷史決議既一脈相承又與時俱進，必將激勵全黨在新時代新征程上爭取更大榮光。

在徵求意見過程中，各地區各部門各方面提出許多好的意見和建議。文件起草組逐條分析這些意見和建議，做到能吸收的盡量吸收。經反覆研究推敲，對決議稿作出547處修改，充分反映了各地區各部門各方面意見和建議。

在決議稿起草過程中，中央政治局常委會召開 3 次會議、中央政治局召開 2 次會議進行審議，形成了提交這次全會審議的決議稿。

三、決議稿的基本框架和主要內容

決議稿除序言和結束語之外，共有 7 個部分。

第一部分 "奪取新民主主義革命偉大勝利"。闡明這一時期黨面臨的主要任務是，反對帝國主義、封建主義、官僚資本主義，爭取民族獨立、人民解放，為實現中華民族偉大復興創造根本社會條件。分析黨產生的歷史背景，總結黨領導人民在建黨之初和大革命時期、土地革命戰爭時期、抗日戰爭時期、解放戰爭時期進行革命鬥爭的歷史進程和創造的偉大成就，以及創立毛澤東思想、實施和推進黨的建設偉大工程的重大成就。強調成立中華人民共和國，實現民族獨立、人民解放，實現了中國從幾千年封建專制政治向人民民主的偉大飛躍；中國共產黨和中國人民以英勇頑強的奮鬥向世界莊嚴宣告，中國人民從此站起來了，中華民族任人宰割、飽受欺凌的時代一去不復返了，中國發展從此開啟了新紀元。

第二部分"完成社會主義革命和推進社會主義建設"。闡明這一時期黨面臨的主要任務是，實現從新民主主義到社會主義的轉變，進行社會主義革命，推進社會主義建設，為實現中華民族偉大復興奠定根本政治前提和制度基礎。總結新中國成立後黨領導人民戰勝一系列嚴峻挑戰、鞏固新生政權，成功完成社會主義改造、建立社會主義制度，開展全面的大規模的社會主義建設，打開對外工作新局面的歷史進程和創造的偉大成就。總結黨加強執政黨建設所作的努力和積累的初步經驗，在闡述這一時期黨取得的獨創性理論成果的基礎上，對毛澤東思想進行科學評價。強調這一時期黨領導人民創造的偉大成就，實現了一窮二白、人口眾多的東方大國大步邁進社會主義社會的偉大飛躍；中國共產黨和中國人民以英勇頑強的奮鬥向世界莊嚴宣告，中國人民不但善於破壞一個舊世界、也善於建設一個新世界，只有社會主義才能救中國，只有社會主義才能發展中國。

第三部分“進行改革開放和社會主義現代化建設”。闡明這一時期黨面臨的主要任務是，繼續探索中國建設社會主義的正確道路，解放和發展社會生產力，使人民擺脫貧困、盡快富裕起來，為實現中華民族偉大復興提供充滿新的活力的體制保證和快速發展的物質條件。強調黨的十一屆三中全會的歷史意義，總結以鄧小平同志為主要代表的中國共產黨人、以江澤民同志為主要代表的中國共產黨人、以胡錦濤同志為主要代表的中國共產黨人作出的歷史貢獻，從黨領導全面開展撥亂反正、形成中國特色社會主義理論體系、推進改革開放和社會主義現代化建設、從容應對關係我國改革發展穩定全局的一系列風險考驗、推進祖國統一大業、維護世界和平與促進共同發展、開創和推進黨的建設新的偉大工程等方面，展現新時期波瀾壯闊的歷史畫卷和舉世矚目的偉大成就。強調這一時期黨領導人民創造的偉大成就，推進了中華民族從站起來到富起來的偉大飛躍；中國共產黨和中國人民以英勇頑強的奮鬥向世界莊嚴宣告，改革開放是決定當代中國前途命運的關鍵一招，中國特色社會主義道路是指引中國發展繁榮的正確道路，中國大踏步趕上了時代。

　　第四部分"開創中國特色社會主義新時代"。闡明這一時期黨面臨的主要任務是，實現全面建成小康社會的第一個百年奮鬥目標，開啟全面建成社會主義現代化強國的第二個百年奮鬥目標新征程，朝著實現中華民族偉大復興的宏偉目標繼續前進。闡述中國特色社會主義新時代這一我國發展新的歷史方位，概括黨的十八大以來黨的理論創新成果，深入分析新時代黨面臨的形勢、面對的風險挑戰，從堅持黨的全面領導、全面從嚴治黨、經濟建設、全面深化改革開放、政治建設、全面依法治國、文化建設、社會建設、生態文明建設、國防和軍隊建設、維護國家安全、堅持"一國兩制"和推進祖國統一、外交工作等 13個方面，分領域總結新時代黨和國家事業取得的歷史性成就、發生的歷史性變革，重點總結九年來的原創性思想、變革性實踐、突破性進展、標誌性成果。強調這一時期黨領導人民創造的偉大成就，為實現中華民族偉大復興提供了更為完善的制度保證、更為堅實的物質基礎、更為主動的精神力量；中國共產黨和中國人民以英勇頑強的奮鬥向世界莊嚴宣告，中華民族迎來了從站起來、富起來到強起來的偉大飛躍。

　　第五部分"中國共產黨百年奮鬥的歷史意義"。在全面回顧總結黨的百年奮鬥歷程和重大成就基礎上，以更宏闊的視角，總結黨的百年奮鬥的歷史意義，即黨的百年奮鬥從根本上改變了中國人民的前途命運、開闢了實現中華民族偉大復興的正確道路、展示了馬克思主義的強大生命力、深刻影響了世界歷史進程、鍛造了走在時代前列的中國共產黨，闡述黨對中國人民、對中華民族、對馬克思主義、對人類進步事業、對馬克思主義政黨建設所作的歷史性貢獻。這五條概括，既立足中華大地，又放眼人類未來，體現了中國共產黨和中國人民、中華民族的關係，體現了中國共產黨和馬克思主義、世界社會主義、人類社會發展的關係，貫通了中國共產黨百年奮鬥的歷史邏輯、理論邏輯、實踐邏輯。

　　第六部分"中國共產黨百年奮鬥的歷史經驗"。概括了具有根本性和長遠指導意義的十條歷史經驗，即堅持黨的領導、堅持人民至上、堅持理論創新、堅持獨立自主、堅持中國道路、堅持胸懷天下、堅持開拓創新、堅持敢於鬥爭、堅持統一戰綫、堅持自我革命。這十條歷史經驗是系統完整、相互貫通的有機整體，揭示了黨和人民事業不斷成功的根本保證，揭示了黨始終立於不敗之地的力量源泉，揭示了黨始終掌握歷史主動的根本原因，揭示了黨永葆先進性和純潔性、始終走在時代前列的根本途徑。強調這十條歷史經驗是經過長期實踐積累的寶貴經驗，是黨和人民共同創造的精神財富，必須倍加珍惜、長期堅持，並在新時代實踐中不斷豐富和發展。

第七部分"新時代的中國共產黨"。圍繞實現第二個百年奮鬥目標，強調全黨要以咬定青山不放鬆的執著奮力實現既定目標，以行百里者半九十的清醒不懈推進中華民族偉大復興；強調必須堅持黨的基本理論、基本路綫、基本方略，立足新發展階段、貫徹新發展理念、構建新發展格局、推動高質量發展，協同推進人民富裕、國家強盛、中國美麗；強調必須永遠保持同人民群眾的血肉聯繫，不斷實現好、維護好、發展好最廣大人民根本利益；強調必須銘記生於憂患、死於安樂，常懷遠慮、居安思危，繼續推進新時代黨的建設新的偉大工程；強調必須抓好後繼有人這個根本大計。號召全黨全軍全國各族人民勿忘昨天的苦難輝煌，無愧今天的使命擔當，不負明天的偉大夢想，以史為鑒、開創未來，埋頭苦幹、勇毅前行，為實現第二個百年奮鬥目標、實現中華民族偉大復興的中國夢而不懈奮鬥。

同志們！審議通過這個決議，是這次全會的主要任務。大家要貫徹落實黨中央要求，貫通把握歷史、現在、未來，深入思考、深入研討，聚精會神、集思廣益，提出建設性意見和建議，共同把這次全會開好、把決議稿修改好。